ISBN 978-0-266-82782-5
PIBN 10895427

Forgotten Books is a registered trademark of FB &c Ltd.
Copyright © 2018 FB &c Ltd.
FB &c Ltd, Dalton House, 60 Windsor Avenue, London, SW19 2RR.
Company number 08720141. Registered in England and Wales.

For support please visit www.forgottenbooks.com

HARVARD THEOLOGICAL STUDIES

HARVARD THEOLOGICAL STUDIES

EDITED FOR THE

FACULTY OF DIVINITY

IN

HARVARD UNIVERSITY

BY

GEORGE F. MOORE, JAMES H. ROPES,
KIRSOPP LAKE

CAMBRIDGE
HARVARD UNIVERSITY PRESS
LONDON: HUMPHREY MILFORD
OXFORD UNIVERSITY PRESS
1918

HARVARD THEOLOGICAL STUDIES
IV

THE GOSPEL MANUSCRIPTS
OF THE
GENERAL THEOLOGICAL SEMINARY

BY

CHARLES CARROLL EDMUNDS, D.D.
PROFESSOR OF THE LITERATURE AND INTERPRETATION OF THE NEW TESTAMENT
IN THE GENERAL THEOLOGICAL SEMINARY, NEW YORK

AND

WILLIAM HENRY PAINE HATCH, Ph.D., D.D.
PROFESSOR OF THE LITERATURE AND INTERPRETATION OF THE NEW TESTAMENT
IN THE EPISCOPAL THEOLOGICAL SCHOOL, CAMBRIDGE, MASSACHUSETTS

CAMBRIDGE
HARVARD UNIVERSITY PRESS
LONDON: HUMPHREY MILFORD
OXFORD UNIVERSITY PRESS
1918

PREFACE

WE have collated and studied three minuscule codices of the gospels belonging to the General Theological Seminary in New York, and the results of our labors are presented herewith. We desire to express our hearty thanks to Professors George Foot Moore, James Hardy Ropes, and Kirsopp Lake, members of the Faculty of Divinity in Harvard University, for reading the manuscript of our work and for making certain valuable suggestions.

CHARLES CARROLL EDMUNDS
WILLIAM HENRY PAINE HATCH

NEW YORK, January 12, 1918.

CONTENTS

THE GOSPEL MANUSCRIPTS
OF THE
GENERAL THEOLOGICAL SEMINARY

THE General Theological Seminary in New York has in recent years acquired three valuable minuscule manuscripts of the gospels. The first of these was purchased and presented to the Seminary by Mr. Samuel Verplanck Hoffman in 1911. The second was bought in 1913, the funds for the purpose having been provided by several friends of the Seminary and by the Society for the Promotion of Religion and Learning. The third was brought to America by the Rev. George Benton, an early missionary of the Protestant Episcopal Church in Crete, who is said to have obtained it at Canea in that island. It was for many years in the possession of his son, the Rev. A. A. Benton. In 1913 it was given to the General Theological Seminary by the Rev. W. L. H. Benton, a son of the latter, who is a graduate of the Seminary, as his father and grandfather were before him.

I

THE HOFFMAN MS. (GREGORY 2324)

THE Hoffman manuscript was bought from Dr. Joseph Martini, a New York bookseller, in 1911. Nothing is known of its history before it came into his possession. It is written on fine vellum, is in excellent condition, and contains 315 folia and six pictures. The loss of one leaf has caused a lacuna extending from Mt. 2, 22 (ἐπί) to 3, 9 (ἀβραάμ [1]), but otherwise the codex is complete. Twenty-four leaves are prefixed, of which sixteen are coarse parchment and eight paper. The quires are numbered and consist of the usual eight leaves (15½ cm. × 11 cm.). The letters are minute, and are beautifully and clearly made with brown ink on lines ruled with a stylus. Pairs of boundary lines frame each page on both sides and at the top and bottom. The quires are numbered in the lower outside corner of the page, but no catchwords (exclamantes) are given. The letters ΩΤΘΗ . . . ΤΑ, the remains of a cruciform pressmark, are still legible on the edges of the leaves. The text is written in single columns of 18 or 19 lines. The numbers and titles of the κεφάλαια, which are the work of two scribes of nearly the same date, are in a minuscule hand. One of these writers, who slopes his letters to the right, employs a brilliant red ink of the same sort as that used in touching up the text; the other writes in ink of a purplish tone and slopes his letters to the left. The initials, which are ordinarily minuscule in shape, are filled in with vermilion, and the same color is often used to adorn the prolonged tails of letters like ρ. Subdivisions of the text are indicated by ·:· in red. The conventional emblem of each evangelist appears in colors, chiefly red and blue on a gold background, before the several gospels. In the two remaining pictures, one before Mark and the other before John, the four emblems are combined in one symbolic figure. At the beginning and end of each gospel are conventional designs resembling interwoven ribbons of red, blue, and yellow. The pictures and the ornamentation are probably contemporary with the manuscript.

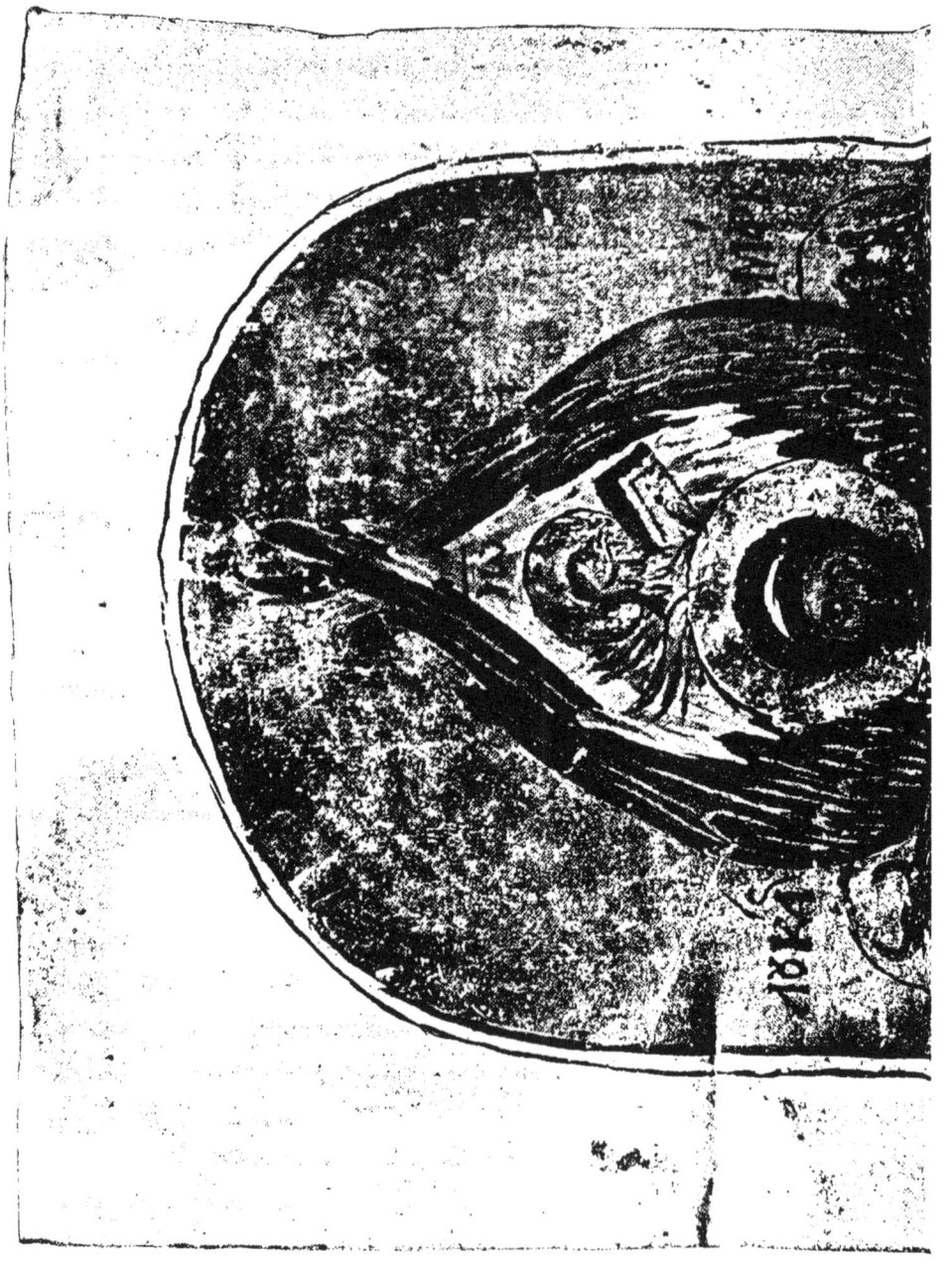

HOFFMAN MS.

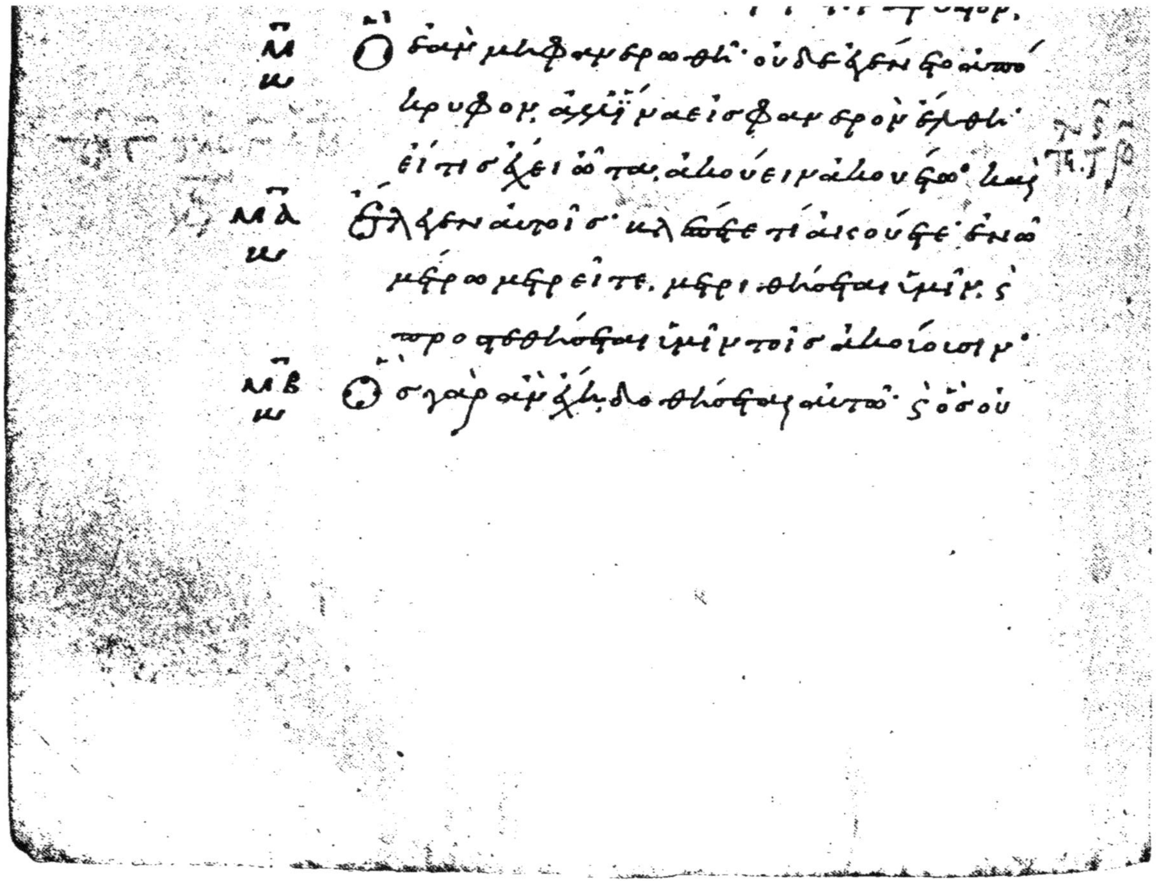

HOFFMAN MS.

MARK 4:18–25

τοῦ μελεα
τοῦ μεννα
τοῦ ματταθα
τοῦ ναθαμ
τοῦ δαυιδ
τοῦ ιεσσαι
τοῦ ωβηδ

τοῦ μαθθατ
τοῦ λευι
τοῦ συμεων
τοῦ ιουδα
τοῦ ιωσηφ
τοῦ ιωναμ
τοῦ ελιακιμ

HOFFMAN
LUKE 3:23–

The codex is bound in the purple velvet often employed to cover the books of high ecclesiastics. The front is ornamented with a silver-gilt plate, suggesting the workmanship of the sixteenth century.[1] In the centre Christ is seen rising from the tomb. An adoring angel stands on the left, and below on the right are two half-prostrate soldiers. In the corners are the four evangelists. Twelve stones (a rose-cut diamond, three carbuncles, three sapphires, three turquoises, and two corals) are set in the margin. There are two engraved clasps of silver-gilt, and on the back of the volume are four bosses representing the cherubim. There are no prologues or epilogues for any of the gospels. Lists of κεφάλαια precede Mark, Luke, and John, but the list for Matthew is missing. For Luke and John the usual 83 and 18 are given; but for Mark there are 49, περὶ τοῦ μυστικοῦ τύπου being inserted as κεφάλαιον 46. The numbers of the τίτλοι, together with those of the lections and Eusebian canons, are in the margin, although the tables themselves are not given. At the end of the Fourth Gospel the following invocation is addressed to John: 'Ιωάννη παρθένε καὶ θεολόγε εὐαγγελιστὰ καὶ φίλε τοῦ κυρίου τοῦ γράψαντος πρόστηθι ἐν ὥρᾳ δίκης.

The opening words of the ecclesiastical lections are written in a faded red at the top or bottom of the pages on which they occur, and the words ἀρχή and τέλος ordinarily mark the place in the text. The twenty-four leaves prefixed to the gospels contain a synaxarion which differs only slightly from that given by Scrivener (A Plain Introduction to the Criticism of the N. T., 1894, I, pp. 80 ff.). The change from coarse parchment to paper after page 16 appears to have been occasioned merely by convenience, since it occurs in the middle of the lessons for the sixth week of Luke, and the handwriting is the same in both portions. The Gospels for the week known as ἡ τυρίνη or ἡ τυροφάγος are the last given. The text of the "tags," which mark the beginning and ending of the lections, differs in some instances from that of the manuscript and from the Textus Receptus. The synaxarion is certainly later than the gospel text, and may date from the fifteenth or sixteenth century.

Alpha is usually of the normal shape, but occasionally it has the stroke on the right greatly prolonged and drawn from left to right.

---

[1] MM. de Voynich and Kekelian, however, declare that the cover is a modern imitation, probably made in Constantinople.

Beta is always like u. Gamma and delta are very rarely uncial. Epsilon commonly resembles b, but sometimes is like a small c with the stroke extended somewhat to the right. Eta is nearly h, but is occasionally uncial. Iota is never adscript or subscript; and when it follows a vowel with which it does not combine to form a diphthong, it has the diaeresis. Theta is a moderately long oval with the cross-stroke extending beyond the sides and bent slightly downward at the ends. Kappa is of the usual shape in a few instances, but ordinarily it resembles u with the first stroke greatly lengthened. In lambda for the most part the first stroke is prolonged; often, however, the first stroke is short and the second is prolonged and bent backward. Mu and nu are almost exactly alike, the uncial forms occurring rarely. Sigma *lunatum* is frequent, and in the ending oc, especially at the end of a line, o is written in the bosom of c. Phi is closed, with a loop above at the end of the perpendicular line. Psi is flattened. Omega is like a figure 8 laid on its side. The tails of letters like mu or rho have a dot or a small hook at the bottom on the right. The interrogation mark is seldom and inconsistently used. The high, middle, and low punctuation points are all employed, the middle infrequently. Ν ἐφελκυστικόν is added constantly, even when it is not demanded by a following vowel. Only common words, like θεός, κύριος, etc., are abbreviated.

The manuscript is not dated, but on palaeographical grounds we assign it to the tenth century.

The text of the Hoffman MS. is of the ordinary " Syrian " type. The following readings are not given in the critical apparatus of Scholz, Tischendorf, or von Soden: Mt. 17: 11 (ἀποκαθιστᾷ); 17: 19 (εἶπον κατ' ἰδίαν); 18: 25 (*om* αὐτόν); 24: 44 (προσδοκεῖτε); 26: 59 (γραμματεῖς *pro* πρεσβύτεροι); Mk. 6: 22 (*om* τῆς θυγατρός); 6: 56 (ἐπορεύετο); 8: 10 (πλοῖον *add* εὐθέως); 9: 13 (ἐν ἑαυτῷ *pro* αὐτῷ); Lk. 3: 23 (ὡς ἐνομίζετο ὤν); 3: 35 (σαγαῦ); 10: 11 (ὑμῖν *add* ἐκ τῶν ποδῶν ἡμῶν); 11: 7 (κλίνην *pro* κοίτην); 12: 51 (*om* ὅτι); 20: 45 (ἀκούσαντος); Jn. 17: 6 (*om* ἐκ τοῦ κόσμου). The following readings are attested by very few other authorities: Mt. 15: 19 (*om* κλοπαί with 472 only); 20: 23 (ὃ ἐγὼ πίνω *pro* μου [1] with 1293 and 1574); 20: 24 (ἰακώβου καὶ ἰωάννου *pro* τῶν δύο ἀδελφῶν with Γ only); Mk. 9: 50 (ἀρτύετε with 1434 only); 11: 29 (ἐρωτήσω with 579 only); 14: 3 (*om* νάρδου πιστικῆς with 248 only); Lk. 9: 18 (ἐγένετο δέ *pro* καὶ ἐγένετο with sah only); Jn. 8: 20 (ταῦτα *add* δέ with 145 only); 16: 1 (*om hunc versum* with 235 and Ev. 47); 19: 39 (*om* ὡσεί with Ath and Thdrt).

MATTHEW [1]

1, 6 σολομωνα	5, 33 ερρηθη
13 ελιακιμ (*bis*)	38 ερρηθη
14 αχιμ (*bis*)	39 *om* σου
2, 1 ιερουσαλημ	42 τω θελοντι
2 ιδομεν	43 ερρηθη
6 εξ ου *pro* εκ σου	44 τοις μισουσιν
9 ιδον	46 *om* και
11 ιδον *pro* ευρον	47 φιλους *pro* αδελφους
3, 12 *om* αυτου [3]	6, 5 γονιαις
16 ιδεν	πλατιων
4, 10 υπαγε *add* οπισω μου	*om* αν
13 ναζαρεθ	6 θυρα
νεφθαλιμ	14 αφηση *pro* αφησει
15 νεφθαλιμ	15 υμων *add* ο ουρανιος
16 ιδεν	αφηση *pro* αφησει
18 *om* ο ιησους	16 *om* οτι
ιδεν	18 *om* εν τω φανερω
21 ιδεν	24 μαμωνα
22 *om* ευθεως	7, 2 μετριθησεται
5, 15 οικεια	5 απο *pro* εκ [2]
17 νομησητε	9 επιδωση
19 διδαξει (*bis*)	10 η *ante* και
ουτως *pro* ουτος	επιδωση
20 υμων η δικαιοσυνη	11 διδοναι *in marg*
21 ερρηθη	12 ουτως *pro* ουτος
27 ερρηθη	13 απαγου (*sic*)
om τοις αρχαιοις	14 τι *pro* οτι
28 αυτην *pro* αυτης	24 τους λογους *in marg*
31 ερρηθη	αυτω *pro* αυτον
om δε	φρονημω
32 πας ο απολυων *pro* ος αν	οικειαν
απολυση	25 προσεπαισον

[1] The collations in the present study are based on Scrivener's *Novum Testamentum Textus Stephanici* A.D. 1550 (Cambridge and London, 1887). Abbreviations are expanded, and differences of accent and punctuation are not noted. It has also seemed advisable to make no mention of the use or omission of ν ἐφελκυστικόν or of s in the adverb οὕτως.

7, 29 γραμματεις *add* αυτων

8, 4 μωυσης

    5 *om* τω ιησου

    8 λογω

   12 εξοτερον

   13 εκατονταρχη

   14 ιδεν

   15 διηκονη αυτω

   20 φωλαιους

      κλιναι

   23 *om* το

   25 *om* αυτου

   29 συ *pro* σοι ιησου

   32 κριμνου

9, 2 αφεονται

    3 γραμματαιων

    4 ιδως *pro* ιδων

    5 *om* γαρ

      ευκοποτερον

      ειπειν [1] *add* τω παραλυτικω

      αφεονται

      εγειρε

    7 αυτου *supra script*

    9 *om* ο ιησους

   11 εσθιει *add* και πινει

   13 αλλα

   17 αμφοτεροι

   18 εισελθων *pro* ελθων [1]

   27 υιος

   33 *om* οτι

   36 εσκυλμενοι *pro* εκλελυμενοι

      εριμμενοι

      ως *pro* ωσει

10, 3 λεβαιος

      litt δ *secunda vocis* θαδδαιος

        supra script

    4 ισκαριοτης

    5 σαμαριτων

    8 *om* νεκρους εγειρετε

    9 κτισησθε

   10 πειραν

10, 10 ραβδους

      του μισθου *pro* της τροφης

   14 εκτειναξατε

   15 γομορων (*corr ex* γομορρων)

   16 ωσει *pro* ως αι

   19 *om* δοθησεται . . . λαλησετε

   23 εκ της πολεως ταυτης

   25 επεκαλεσαν

   28 φοβεισθε *pro* φοβηθητε [1]

   32 *om* εν [2]

   34 νομησητε

11, 16 παιδιοις

      αγορα

   20 ηρξατο *add* ο ιησους

      αι πλεισται δυναμεις αυτου

      εγενοντο

   21 χοραζειν

      εγενομεναι *pro* αι γενομεναι

   22 ανεκτωτερον

   23 εγενομεναι *pro* αι γενομεναι

   24 ανεκτωτερον

   27 παρεδωθη

12, 3 *om* αυτος

    5 σαβασιν

    6 *om* οτι

      μειζον

    8 *om* και

   10 χειραν

   12 σαβασιν

   13 απεκατεσταθη

   18 ηρετησα

   19 ερησει

      πλατιαις

   21 *om* εν

   25 ιδως

      om ερημουται . . . εαυτης

   27 εκβαλλει *pro* εκβαλλω

      οι υιοι . . . εκβαλλουσι *in ras*

   28 εν πνευματι θεου εγω

   29 αρπασαι

   32 τω αιωνι τουτω

12, 33 επιγινωσκεται
35 om της καρδιας
om τα
38 γραμματαιων
41 νηνευιται
42 σολομωνος (bis)
44 ελθων pro ελθον
47 om hunc versum
48 μοι pro μου²
49 om αυτου²
13, 2 καθισαι pro καθησθαι
4 πετεινα add του ουρανου
8 επεσεν in marg
13 συνιωσιν
14 om επ
om η²
15 ιασομαι
17 ιδον
23 καλην γην
25 ζηζανια
26 om και²
27 om σω
om τα
ζηζανια
28 συλλεξομεν
29 ζηζανια
30 αφερε add ουν (supra script)
om τω
ζηζανια
32 μειζον add παντων
33 εκρυψεν
36 ζηζανιων
38 ζηζανια
40 ζηζανια
καιεται
44 om παντα
47 βληθηση
48 αναβηβασαντες
52 τη βασιλεια pro εις την βασι-
λειαν
54 εκπλησσεσθε

13, 56 παντα ταυτα
14, 3 litt τη vocis την in ras
7 δουναι αυτη
12 ελθοντες pro προσελθοντες
απελθοντες pro ελθοντες
14 ιδεν
20 πληρις
34 γενησαρεθ
15, 1 om οι
2 οταν add τον
εσθιουσιν
5 εαν pro αν
7 ησαιας περι υμων
17 εις³ add τον
αφεδρονα
19 πονηροι add φθονοι
om κλοπαι
22 om αυτω
25 προσεκυνησεν
βοηθη
30 om τυφλους
31 ακουοντας pro λαλουντας
32 ειπε add αυτοις
ημεραι
37 πληρης
39 μαγδαλαν
16, 1 litt δ secunda vocis σαδδου-
καιοι supra script
καταλειπων
6 om αυτοις
11 αρτων
υμιν add αλλα
12 om hunc versum
13 καισαριας
20 om ιησους
21 γραμματαιων
22 ιλεος
23 επιστραφεις
24 ακολουθητω
28 εστηκοκοτων (sic)
ειδωσι

16, 28   την βασιλειαν του θεου εληλυ-
        θυιαν εν δυναμει *pro* τον
        υιον . . . αυτου

17, 3   μωυσης
     4   ποιησομεν
        μωυση
        ηλια μιαν
     5   ετι *add* δε
     9   εκ *pro* απο
   11   αποκαθιστα
   12   εγνωσαν
   13   *om* του βαπτιστου
   14   αυτον *pro* αυτω[2]
   16   αυτω *pro* αυτον[1]
   17   διεστραμενη
   19   προσηλθοντες
        ειπον κατ ιδιαν
   20   *om* εκει
   24   *om* αυτων
   25   κινσον
18, 1   μειζον
     4   ταπεινωσει
        μειζον
     6   εις *pro* επι
     8   αυτον *pro* αυτα
        εις την ζωην εισελθειν
   11   ανθρωπου *add* ζητησαι και
   13   αυτο *pro* αυτω
   14   εμπροσθε του πατρος *in ras*
   15   ελλεξον (*sic*)
   16   σεαυτου *pro* σου
   18   αν *pro* εαν (*bis*)
   19   παλιν *add* αμην
   25   *om* αυτον
   28   επηηγε
        ει τι οφειλεις *pro* μοι οτι
        οφειλεις
   29   σοι αποδωσω
   30   οφειλομενον
   31   απαντα
   34   οφειλομενον

18, 35   ουρανιος
19, 3   *om* οι
        om αυτω[2]
     5   καταληψει
        πατερα *add* αυτου
     7   μωυσης
     8   μωυσης
     9   *om* ει
        γαμησει
        γαμων *pro* γαμησας
   10   γυναικος *add* αυτου
   11   δε *add* ιησους
   12   και εισιν ευνουχοι . . . υπο
        των ανθρωπων *post* και εισιν
        ευνουχοι . . . των ουρανων
        ευνουχησαν
        om ο δυναμενος χωρειν χω-
        ρειτω
   17   εις την ζωην εισελθειν
   24   *om* δε
        τρυμαλιας *pro* τρυπηματος
        εισελθειν *pro* διελθειν
   25   *om* αυτου
   26   λεγει *pro* ειπεν
        om εστι[2]
   29   οστις *pro* ος
20, 3   *om* την
        ιδεν
     4   και εκεινοις
        αμπελωνα *add* μου
     7   *om* οτι
        αμπελωνα *add* μου
   21   ευωνυμων *add* σου
   22   πινω *pro* μελλω πινειν
   23   ο εγω πινω *pro* μου[1]
        om μου[3]
        om υπο του πατρος μου
   24   ιακωβου και ιωαννου *pro* των
        δυο αδελφων
   25   *om* οτι
   26   εσται *pro* εστω

20, 27 εσται *pro* εστω
  31 *om hunc versum*
21, 3 αποστελλει
  7 *om* και επεκαθισεν επανω
    αυτων
  8 εν τη οδω τα ιματια αυτων
  11 ναζαρεθ
  14 χωλοι και τυφλοι
  15 *om* οι [2]
  16 κατηρτησω
  21 ποιησητε
  27 υμιν λεγω
  28 *om* μου
  29 μεταμεληθης
  30 ετερω *pro* δευτερω
  33 *om* τις
  41 εκδωσεται
  42 γονιας
    υμων (*litt* υ *in* ras) *pro*
    ημων
  44 *om* και
22, 7 και ακουσας *pro* ακουσας δε
  11 ιδεν
  13 χειρας και ποδας
  24 μωυσης
  27 *om* και
  31 *om* υμιν
  37 εφη *pro* ειπεν
  45 δαβιδ *add* εν πνευματι
  46 αποκριθηναι αυτω
23, 2 μωσεως *corr ex* μωυσεως
  4 δε *pro* γαρ
  5 παντα δε *litt* τα *et vox* δε
    supra script
  6 δε *pro* τε
    πρωτοκλησιαν
  10 *om* υμων
  13 περισσωτερον
  14 αφειετε
  18 αν *pro* εαν
  21 εν αυτω *pro* αυτον

23, 23 αποδεκατουται
    ταυτα *add* δε
  25 παροψιδος *add* του πινακος
  26 εσωθεν *pro* εντος
  27 παρομιαζετε
  34 *om* ιδου
  36 υμιν *add* οτι
    παντα ταυτα
24, 2 *om* ιησους
  3 το *pro* του [1]
  7 επ *pro* επι [1]
  14 *om* τουτο
  17 τα *pro* τι
  18 το ιματιον
  20 *om* εν
  27 *om* και [2]
  33 ταυτα παντα
  36 *om* της [2]
    om μου
  38 γαρ *supra script*
  44 προσδοκειτε
  45 φρονημος
    οικετιας *pro* θεραπειας
  47 αυτου τοις υπαρχουσιν
  49 τε *pro* δε
25, 2 *om* αι
  3 αυτων *pro* εαυτων [1]
  9 ου μη *pro* ουκ
    rasura post μαλλον
  13 εν η ο υιος του ανθρωπου ερχε-
    ται *in marg a posteriori*
    manu
  19 λογον μετ αυτων
  24 ανθρωπος ει
  30 εκβαλετε
    εξοτερον
  31 *om* αγιοι
  32 συναχθησονται
  35 *litt* σα *vocis* επεινασα *supra*
    script
    εποτησατε

25, 37 ιδομεν
    εποτησαμεν
  38 om δε
    ιδομεν
  39 om δε
    ιδομεν
  44 om αυτω
    ιδομεν
26, 4 δολω κρατησωσιν
  7 πολυτιμου *pro* βαρυτιμου
  9 εδυνατο
 18 δε *add* ιησους
 20 δωδεκα *add* μαθητων
 26 ευχαριστησας *pro* ευλογησας
 35 απαρνησωμαι
    ομοιως *add* δε
 36 ερχετε
    γηθσημανι
    καθησατε
    αν *pro* ου
    προσευξομαι
 38 αυτοις *add* ο ιησους
 39 ουκ *pro* ουχ ως
 40 αυτοις *pro* τω πετρω
 42 πιω αυτο
 43 ευρεν
 44 om παλιν
    παλιν *pro* εκ τριτου
 45 om αυτου
 52 om σου
 55 εν τω ιερω διδασκων
 58 ηκολουθη
 59 γραμματεις *pro* πρεσβυτεροι
    θανατωσωσιν αυτον
 67 *litt* ι *vocis* εκολαφισαν *in ras*
    εραπισαν
 70 αυτων *pro* παντων
 71 ιδεν
    αυτοις *pro* τοις
 75 om του [2]
    αλεκτωρα

26, 75 τρεις
    απαρνησει
27, 2 πηλατω
  3 *litt* ου *vocis* ιουδας *supra*
    script
  4 οψη
  9 ων *pro* ον
 13 πηλατος
 17 *litt* ι *vocis* πιλατος *in ras*
 22 *litt* ι *vocis* πιλατος *in ras*
 23 om λεγοντες
 24 *litt* ι *vocis* πιλατος *in ras*
 31 om αυτον [3]
 33 ο εστιν κρανιου τοπος
 34 οινον *pro* οξος
 35 om ινα . . . κληρον
 39 om αυτον
 41 πρεσβυτερων και γραμμα-
    ταιων και φαρισαιων
 42 πιστευσωμεν επ
 43 om νυν
 44 ονειδιζον
    αυτον *pro* αυτω [2]
 46 εγκατελειπες
 50 om παλιν
 55 om απο [1]
 58 πηλατω
    πηλατος
 60 μεγα
 62 πηλατον
 65 πηλατος
28, 3 ωσει *pro* ως
  7 πορευθησαι
  8 om και [1]
    εξελθουσαι *add* δε
  9 αυτοις *pro* τοις μαθηταις
    αυτου
    om ο
 14 πεισωμεν
    ποιησωμεν
 15 διεφημεισθη

MARK

1, 6 δε *add* ο

7 ερχετε

9 ναζαρεθ

10 ιδεν

ως *pro* ωσει

12 ευθεως

14 *om* τον

16 ιδεν

αυτου *add* του σιμωνος

αμφιβαλλοντας

17 αλιεις ανθρωπων γενεσθαι

19 ιδεν

δικτυα *add* αυτων

24 συ *pro* σοι

ναζαρινε

35 απηλθεν *add* ο ιησους

37 σε ζητουσιν

38 και εκει

44 μωυσης

2, 1 εισηλθεν παλιν

5 αφεονται

6 *rasura post litt* ε *vocis* γραμ-
ματεων

8 ουτως *add* αυτοι

9 αφεονται

σου *pro* σοι

εγειρε

τον κραββατον σου

10 ιδητε

επι της γης αφιεναι

11 εγειρε

12 εναντιων

εξιστασθε

ιδωμεν

14 ιδεν

21 επιραπτει

μηγε *pro* μη

απ αυτου το πληρωμα

23 *om* εν

2, 26 μετ αυτου *pro* συν αυτω

3, 1 εξηραμενην

3 εξηραμενην

εγειρε

6 εποιησαν

7 εις *pro* προς

ηκολουθησεν

8 σιδονα

9 προσκαρτερει

11 εθεωρη

λεγων

12 φανερον αυτον

14 *litt* α *vocis* ινα [1] *supra script*

27 ουδεις δυναται

διαρπαση *pro* διαρπασει

31 αδελφοι *add* αυτου

32 περι αυτον οχλος

34 αυτων *pro* αυτον

ιδου

35 μητηρ *add* μου

4, 8 *om* εν [2]

9 *om* αυτοις

10 αυτων *pro* αυτον [2]

11 *om* τα

12 αφεθησεται

17 *litt* ει *vocis* ειτα *in ras*

18 *om* ουτοι εισιν [1]

22 *om* τι

24 μετριθησεται

32 μειζον

33 εδυναντο

38 προιμνη

5, 2 *om* εκ των μνημειων

3 μνημασιν

εδυνατο

4 παιδαις

απ *pro* υπ

παιδας

ισχυσεν αυτον

5, 6 *om* απο
  8 το πνευμα *supra script*
  9 *om* λεγων
 10 αυτον *pro* αυτους
 11 τω ορει
 12 παρεκαλουν
    om παντες
 13 κριμνου
 14 *om* τους χοιρους
 26 αυτης *pro* εαυτης
 28 γαρ *add* εν εαυτη
 33 *om* αυτω [2]
 34 ηρηνην
 35 σκυλεις
 36 *litt* φ *vocis* φοβου *in ras*
 37 ακολουθησαι
 38 θορυβον *add* και
 40 παντας
 41 αυτης *pro* του παιδιου
    εγειρε
6, 2 ινα *pro* οτι
    γινωνται
  8 παρηγγελλεν
 11 εκτειναξατε
 14 ηρωδης *add* την ακοην ιησου
 15 *om* η
 17 *om* τη
 22 *om* της θυγατρος
 26 *litt* ησ *vocis* εθελησεν *supra*
    script
 27 σπεκουλατορα
 30 *om* και [3]
 31 ευκαιρουν
 33 *om* οι οχλοι
 34 ιδεν
 36 εαυτους
 38 *om* και [1]
 44 *om* ωσει
 48 ιδεν
 49 εδωξαν
 50 ιδον

6, 52 αυτων η καρδια
 53 γενησαρεθ
 54 επιγνωντες
 56 επορευετο
    ηπτωντο
7, 3 *litt* ου *vocis* ιουδαιοι *supra*
    script
  4 εισιν *pro* εστιν
 11 μητρι *add* αυτου
 14 ακουσατε
 22 ασελγειαι
 24 *om* την
 26 συροφοινικισσα
    εκβαλη
 31 εξελθων *add* ο ιησους
 32 μογγιλαλον
8, 1 *om* ο ιησους
  2 ημεραι
  3 ηκουσι
  7 και [2] *add* ταυτα
  8 εχορτασθησαν *add* παντες
 10 *om* ευθεως
    πλοιον *add* ευθεως
 23 επιθης
 25 απεκατεσταθη
 26 *om* τον
 29 λεγεται
 33 δε *add* ιησους
 34 ακολουθητω
 35 εαν *pro* αν [1]
    απολεση *pro* απολεσει
    εαυτου ψυχην *pro* ψυχην
    αυτου [2]
    om ουτος
 36 ωφελησει *add* τον
9, 1 *litt* τι *vocis* οιτινες *in ras*
  3 εγενοντο
    ωσει *pro* ως
  4 μωυση
  5 μωυση
  6 ιδει

9, 6 λαλησει

   7 *om* λεγουσα

   8 ιδον

   9 ιδον

  12 καθως *pro* και πως

  13 εν εαυτω *pro* αυτω

  14 ιδεν

  18 εαν *pro* αν

  22 εις[1] *add* το

  23 *om* το

  24 απιστεια

  25 επισυντρεχει *add* ο

  28 δια τι *pro* οτι

     ουδ εδυνηθημεν

  38 *om* ο

     ιδομεν

  41 *om* τω

  42 εαν *pro* αν

     αυτο *pro* αυτω

     επι *pro* περι

  45 καλον *add* γαρ

     σε *pro* σοι

  47 *om* εισελθειν

  50 αρτυετε

10, 3 μωυσης

   4 μωυσης

   8 σαρξ μια

  11 αυτη *pro* αυτην

  14 αφετε τα *in ras*

     litt πα *vocis* παιδια *in ras*

     om και[2]

  16 ευλογει

  17 οδον *add* ιδου τις πλουσιος

     om εις[2]

  19 *om* μη αποστερησης

  20 *om* αυτω

     μου *add* τι ετι υστερω

  21 *om* ιησους

     αυτω[2] *add* ει θελεις τελειος

     ειναι

     σε *pro* σοι

10, 21 *om* τοις

  24 *om* τεκνα

     om τοις[2]

  25 *om* της (*bis*)

  27 *om* τω[1]

  28 ηρξατο δε *pro* και ηρξατο

  29 και *add* ενεκε

  30 και[3] *add* πατερα και

     μητερα

  31 *om* οι

  33 *om* τοις[2]

  35 *om* οι

     εαν *add* σε

  39 λεγουσιν *pro* οι δε ειπον

  40 *om* μου[2]

  43 υμων διακονος

  44 εαν *pro* αν

  47 *om* ο[2]

  49 *rasura post* αυτω

     εγειρε

  51 ο ιησους λεγει αυτω

     σοι θελεις ποιησω

     ραββουνι

11, 2 ον *add* ουπω

   3 ειπει

     αποστελλει

   4 *om* τον

   8 εν τη οδω (*bis*) *pro* εις την οδον

     om δε[2]

     στιβαδας

     εστρωννυον *litt* εστρ *in ras*

  13 συκην *add* μιαν

  14 *om* ο ιησους

  15 και[3] *add* τους

  16 διανεγκει (*litt* ει *in ras*)

  17 αυτον εποιησατε

  18 οι αρχιερεις και οι γραμματεις

     απολεσωσιν

  19 οταν

  20 ιδων

  22 αποκριθεις *add* ο

11, 24 εαν *pro* αν
   25 στηκετε
   26 ουρανιος *pro* εν τοις ουρανοις
      υμων[2] *add* λεγω δε υμιν αιτειτε
      και δοθησεται υμιν ζητειτε
      και ευρησετε κρουετε και
      ανοιγησεται υμιν πας γαρ ο
      αιτων λαμβανει και ο ζητων
      ευρισκει και τω κρουοντι
      ανοιγησεται
   29 ερωτησω
      καγω υμας
   31 διελογιζοντο
   32 *om* εαν
   33 αποκριθεις ο ιησους
12, 2 δουλον τω καιρω
    5 δαιροντες
      αποκταινοντες
    6 εσχατον προς αυτους
   14 μελλει
   19 μωυσης
      εξαναστησει
   20 επτα *add* ουν
      litt α *prima vocis* γυναικα
      in ras
   22 εσχατον
   26 μωυσεως
      του *pro* της
   27 *om* ο
      om θεος[2]
   28 παντων
   29 παντων
      om των
   30 *om* και εξ ολης της ψυχης σου
   32 ειπες
      om θεος
   33 *om* των[2]
   34 *litt* ι *vocis* ιδων *in ras*
   36 λεγει *pro* ειπεν[1]
      πνευματι αγιω *pro* τω πνευ-
      ματι τω αγιω

12, 39 πρωτοκλησιας
   43 βαλλοντων
13, 2 αποκριθεις ο ιησους
      λιθον *pro* λιθω
   11 αγωσιν
      μεριμνατε
   23 απαντα
   25 αι[2] *supra script*
   27 ακρου[1] *add* της
   28 *om* αυτης
      ιδη *pro* ηδη
      κλαδος *add* αυτης
      om εστιν
   31 παρελευσεται
   32 *om* της[2]
   33 *litt* ν *vocis* αγρυπνειτε *supra
      script et litt* ειτ *in ras*
14, 3 *om* ναρδου πιστικης
    5 εδυνατο
    6 εν εμοι *pro* εις εμε
    9 αμην *add* δε
      εαν *pro* αν
   10 *om* ο[1]
   14 αν *pro* εαν
   15 αναγαιον
   19 λυπεισθε
      om αυτω
   22 *om* φαγετε
   24 εκχυννομενον
   25 γενηματος
   27 προβατα *add* της ποιμνης
   30 οτι *add* συ
   31 απαρνησωμαι (*corr ex* απαρ-
      νησομαι *a posteriori manu*)
   32 γεθσημανι
      προσευξωμαι
   33 και[3] *add* τον
   35 *litt* ν *vocis* μικρον *in ras*
   36 αβα
      απ εμου το ποτηριον
   40 καταβαρυνομενοι

14, 41 *om* ταs

  43 ιουδαs *add* σ ισκαριωτηs

    om ων

    om των [3]

  46 ταs χειραs αυτων επ αυτον

  49 διδασκων εν τω ιερω

  51 ηκολουθησεν

  53 αρχιερεα *add* καιαφαν

    οι γραμματειs και οι πρεσ-
    βυτεροι

  60 *om* το

  61 υιοs *add* του θεου

  62 εκ δεξιων καθημενον

  65 ελαβον *pro* εβαλλον

  66 *litt a vocis* μια *in ras*

  68 ηρνησατο *add* αυτον

  69 παρεστωσιν

  70 ειπον *pro* ελεγον

  72 το ρημα ωs *pro* του ρηματοs
    ου

15, 10 επεγινωσκε

  13 εκραξαν *add* λεγοντεs

15, 14 περισσωs

    εκραζον

  18 αυτον *add* λεγοντεs

    ο βασιλευs

  25 τριτη ωρα

  31 *om* δε

  32 *om* του [1]

  33 ενατηs

  34 ενατη

    λιμα

    om μου [1]

  35 οτι *pro* ιδου

  40 *om* του [1]

  47 τεθειται

16, 2 μνημειον *add* ετι

  7 αλλα

  8 *om* ταχυ

  9 σαββατων

  10 απελθουσα *pro* πορευθεισα

  18 βλαψη

  19 κυριοs *add* ιησουs

LUKE

1, 2 παρεδωκαν

  8 εναντιον

  14 γενεσει

    χαρισονται

  17 ετοιμασαι *add* τω

  20 *rasura post litt* o *vocis* τον
    rasura post litt o *vocis* καιρον

  22 εδυνατο

  28 σοι *pro* συ

  36 γηρει

  39 και αναστασα *pro* αναστασα
    δε

  44 το βρεφοs εν αγαλλιασει

  50 ειs γενεαν και γενεαν

  61 εκ τηs συγγενειαs

  63 εθαυμαζον

  65 εγενετο δε *pro* και εγενετο

1, 65 αυτου *pro* αυτουs

2, 7 *om* τη

  12 *om* τη

  20 ιδον

  21 αυτον *pro* το παιδιον

  22 μωυσεωs

  25 ευσεβηs *pro* ευλαβηs

    ην αγιον

  26 ιδειν *pro* ιδη

  30 ιδον

  33 ην *add* ο

  36 επτα μετα ανδροs

  38 αυτη [1] *supra script a poste-*
    riori manu

  39 *om* τα

    εαυτων *pro* αυτων

  42 αναβαινοντων

2, 44 συνωδια
     συγγενευσιν
     om εν [3]
  51 τα ρηματα απαντα
3, 2 επι αρχιερεως
     om του
  10 ποιησωμεν
  12 βαπτισθηναι *add* υπ αυτου
     ποιησωμεν
  13 μηθεν
  14 πρειησωμεν
  23 ως ενομιζετο ων
  27 *litt* ω *vocis* ιωαννα *supra*
     script
  29 ματταθ
  30 ιωαναν
  32 βοος
  35 σαγαυ
     φαλεγ
  37 ιαρεθ
4, 1 πληρης πνευματος αγιου
  7 πασα
  8 ειπεν αυτω
     om γαρ
     κυριον τον θεον σου προσκυ-
     νησεις
  9 om ο
  14 om ο
  15 παρα *pro* υπο
  18 εινεκεν
     ευαγγελισασθαι
  20 ησαν οι οφθαλμοι
  23 om τη (*bis*)
  27 ραιεμαν
  29 om της [2]
  35 om το [2]
  38 συναγωγης *add* ο ιησους
     ηλθεν
     om η
  42 επορευετο
5, 2 ιδεν

5, 5 χαλασωμεν
  6 πληθος ιχθυων
  8 om του
  9 *litt* ο *vocis* αυτον *in ras*
     εν *pro* επι
  11 της γης
  14 μωυσης
  18 επι *add* της
  19 om δια [1]
  23 εγειρε
  24 *litt* ει *vocis* ειδητε *in ras*
     ο υιος του ανθρωπου εξουσιαν
     εχει
     επι *in ras*
     εγειρε
  26 ιδομεν
  27 ιδεν *pro* εθεασατο
  29 om ο
     τω οικω
  30 μετα *add* των
  36 om επιβλημα [2]
  38 αλλ
6, 1 om των
  3 ο ιησους ειπεν προς αυτους
  4 om ελαβε και
  7 παρετηρουντο
     om αυτων
     om εν
     θεραπευει
     κατηγοριαν *add* κατ
  8 ξηραμενην *pro* ξηραν
     εγειρε
  9 προς αυτους ο ιησους
     αποκτειναι *pro* απολεσαι
  10 αυτω *pro* τω ανθρωπω
     απεκατεσταθη
     om υγιης
  11 ελαλουν
  14 αυτου *add* και
  23 χαρητε
  26 om υμιν

6, 26 οι² *in ras*
27 αλλα
28 υμας *pro* υμιν
om και
30 *om* δε
34 *om* οι
35 *om* του
38 *litt* ε *vocis* διδοτε *in ras*
litt αι *vocis* δοθησεται *in ras*
σεσαλευμενον και πεπισεσ-
μενον (*sic*)
υπερεκχυννομενον
45 *om* του³
om της³
7, 1 επειδη *pro* επει δε
2 εμελλε
4 λεγοντες *add* αυτω
παρεξη
7 αλλ
10 εις τον οικον οι πεμφθεντες
11 πολυς *add* της πολεως
12 *om* ην
13 αυτην *pro* αυτη¹
16 παντας
εγειγερται
αυτου *add* εις αγαθον
21 *om* το
22 ιδετε
om λεπροι καθαριζονται
24 μαθητων *pro* αγγελων
τοις οχλοις *pro* προς τους
οχλους
litt ε *vocis* ανεμου *in ras*
27 προσωπουτου (*sic*)
31 *om* ειπε δε ο κυριος
33 λεγουσι
34 φιλος τελωνων
38 του ιησου *pro* αυτου¹
41 χρεοφειλεται
47 αφεονται *pro* αφεωνται
8, 8 εις *pro* επι

8, 14 πεσων
15 υπομονη *add* ταυτα λεγων
εφωνει ο εχων ωτα ακουειν
ακουετω
16 την λυχνιαν *pro* λυχνιας
18 εαν *pro* αν²
19 εδυναντο
22 εγενετο δε *pro* και εγενετο
24 και προσελθοντες *pro* προσελ-
θοντες δε
επαυσατο
γαληνη *add* μεγαλη
25 *om* εστιν¹
προς αλληλους λεγοντες
26 αντιπερα
32 βοσκομενη
απελθειν
33 εισηλθον
34 γεγονος
om απελθοντες
38 *litt* λυ *vocis* εξεληλυθει *supra*
script
42 ωσει *pro* ως
43 ιατροις *pro* εις ιατρους
45 *om* και οι μετ αυτου
47 *om* αυτω²
49 σκυλε
51 ελθων
52 ου γαρ *pro* ουκ
απεθανεν *add* το κορασιον
54 παντας εξω
56 παρηγειλεν (*sic*)
9, 1 *om* μαθητας αυτου
2 ιασθε
3 μη *pro* μητε¹
μη *pro* μητε²
5 αποτειναξατε
7 εγειγερται
9 *om* ο
11 γνωντες
13 ιχθυες δυο

9, 18 εγενετο δε *pro* και εγενετο
    μαθηται *add* αυτου
19 *om* τις
21 παρηγγειλε *add* αυτοις
    λεγειν *pro* ειπειν
22 αναστηναι *pro* εγερθηναι
23 ερχεσθαι
    αρνησασθω
    om καθ ημεραν
24 απολεση *pro* απολεσει
    αυτος *pro* ουτος
27 αληθως *add* οτι
    οιτινες *pro* οι
    γευσωνται
28 *om* τον
30 μωυσης
32 ιδον
33 τρις
    μιαν μωυση
36 *om* ο
38 επιβλεψαι
39 συντριβων
40 εκβαλωσιν
    εδυνηθησαν
41 εως ποτε *pro* και²
    τον υιον σου ωδε
42 συνεσπαραξεν *add* αυτον
43 *litt* ου *vocis* του *supra script*
47 ειδως *pro* ιδων
48 αν *pro* εαν
49 ιδομεν
    om τα
50 καθ *in ras*
    υμων *pro* ημων (*bis*)
55 δε *add* ο ιησους
57 εαν *pro* αν
58 φωλαιους
59 πρωτον απελθειν *pro* απελ-
    θοντι πρωτον
62 ο ιησους προς αυτον
10, 1 δυο *add* δυο

10, 2 εκβαλη
3 προβατα *pro* αρνας
5 λεγεται
6 *om* μεν
    υιος ειρηνης εκει
    προς *pro* εφ
    ανακαμψη
8 δεχονται
9 ασθενουντας (*litt* εν *in ras*)
10 *litt* χης *vocis* εισερχησθε *in*
    ras
11 υμιν *add* εκ των ποδων ημων
    (*litt* η *in ras*)
13 χοραζειν
14 ανεκτωτερον
16 ο² *supra script*
18 *litt* ω *vocis* εθεωρουν *in ras*
    litt τα *vocis* σαταναν *a pos-*
    teriori manu
20 *om* μαλλον
21 πνευματι *add* τω αγιω
22 *om* και στραφεις προς τους
    μαθητας ειπε
    μοι παρεδοθη
24 ιδον
27 σε αυτον *pro* σεαυτον
28 αυτω *add* ο ιησους
32 *om* ελθων
    ιδων *add* αυτον
34 επιβηβασας
36 πλησιον δοκει σοι
40 κατελειπεν
41 ο ιησους ειπεν αυτη
11, 3 δος
5 ερει *pro* ειπη
6 μοι *pro* μου
7 ειπει
    om μου
    κλινην *pro* κοιτην
8 οσον
11 δε *add* εξ

11, 11 η *pro* ει
12 επιδωση
13 οντες *pro* υπαρχοντες
    δοματα αγαθα
15 βεελζεβουλ *add* τω
    δαιμονια *add* και αποκριθεις
    ειπεν πως δυναται σατανας
    σαταναν εκβαλλειν
17 τα διανοηματα αυτων
    μερισθεισα
    επ *pro* επι
19 αυτοι υμων κριται
21 καθοπλισμενος
22 σκευη *pro* σκυλα
24 ευρισκων
30 νηνευιταις
31 *litt* κ *prima vocis* κατακρινει
    in ras
32 νηνευται
33 κρυπτην
34 η¹ *in ras*
    εσται *pro* εστιν²
    σκοτεινον *add* εσται
36 μερος τι
    litt η *vocis* φωτιζη *in ras*
37 ερωτα
42 ταυτα *add* δε
44 *om* οι²
49 *om* και³
50 εκχυννομενον (*litt* ν *secunda*
    supra script)
51 αβελ *add* του δικαιου
53 *om* ενεχειν και
54 *om* και
    τι θηρευσαι
12, 4 αποκτενοντων
    περισσον
5 εχοντα εξουσιαν
7 διαφερετε *add* υμεις
9 εμπροσθε *pro* ενωπιον
12 εκεινη *pro* αυτη

12, 15 πασης *pro* της
    ουκ *add* εστιν
    om εστιν
16 ηυφορησεν
18 *litt* γε *vocis* γενηματα *in ras*
20 αφρον
21 πλουτων *add* ταυτα λεγων
    εφωνει ο εχων ωτα ακουειν
    ακουετω
22 *om* υμων
25 *om* μεριμνων
28 σημερον εν τω αγρω
33 βαλλαντια
35 αι οσφυες υμων
38 και² *add* εαν
    και ελθων *pro* ελθη και
39 *litt* ωρ *vocis* ωρα *in ras*
    om αν²
42 εσται *pro* εστιν
    litt ι *vocis* φρονιμος *in ras*
45 μου ο κυριος
    ελθειν
49 επι *pro* εις
50 οτου *pro* ου
51 *om* οτι
53 εφ υιω πατηρ
54 λεγετε *add* οτι
56 του ουρανου και της γης
58 βαλη
13, 4 αυτοι *pro* ουτοι
6 την παραβολην ταυτην
    τις ειχεν
9 εκκοψης
12 απολελυσαι *add* απο
14 αυταις *pro* ταυταις
15 υποκριται
19 αυτου *pro* εαυτου
20 *om* και
22 εν *pro* εις
26 αρξησθε
27 *litt* ερ *vocis* ερει *in ras*

13, 29 *om* απο[2]
31 ταυτη *pro* αυτη
34 τα εαυτης νοσσια
35 *om* ερημος
om αμην
λεγω δε
ιδητε με
om αν ηξη
14, 5 *om* αποκριθεις
ειπεν προς αυτους
πεσειται
om εν
7 πρωτοκλησιας
8 κατακληθης *pro* κατακλιθης
πρωτοκλησιαν
10 αναπεσε
11 ο *ante* οτι
ο δε *pro* και ο
15 αριστον *pro* αρτον
17 ερχεσθαι
21 *om* ο δουλος εκεινος
τυφλους και χωλους
24 δειπνου *add* πολλοι γαρ εισι
· κλητοι ολιγοι δε εκλεκτοι
26 αυτου *pro* εαυτου[1]
ειναι μαθητης
27 ακολουθει *pro* ερχεται
29 αυτω εμπαιζειν
32 πορρω αυτου
εις *pro* προς
33 υπαρχουσιν αυτου
15, I αυτω εγγιζοντες
33 *om* οι[2]
4 ενενηκονταεννεα
5 αυτου *pro* εαυτου
7 ενενηκονταεννεα
litt s *vocis* δικαιοις *in ras*
litt ες *vocis* οιτινες *in ras*
8 *litt* ει *vocis* ζητει *in ras*
9 συγκαλει
15 *litt* θη *vocis* εκολληθη *supra
script*

15, 17 πως οι
19 *om* και
20 αυτου *pro* εαυτου
ιδεν
22 *om* την[1]
24 μου ο υιος
om και[2]
26 *om* αυτου
τουτο *pro* ταυτα
32 εδει και αγαλλιαθηναι *pro*
και χαρηναι εδει
16, 2 *om* σου[2]
3 με της οικονομιας *pro* την
οικονομιαν απ εμου
5 χρεοφειλετων
ειπεν *pro* ελεγε
8 γεενναν *pro* γενεαν
13 δυνασθαι *pro* δυνασθε
14 παντα ταυτα
15 *om* εστιν
17 *om* δε
18 μοιχαται *pro* μοιχευει[1]
22 *om* του
29 λεγει *add* δε
μωυσεα
31 μωυσεως
17, 3 *om* εις σε
4 και[2] *add* εαν
om επι σε
7 *litt* αι *vocis* ποιμαινοντα *in
ras*
αναπεσε
8 εως *add* αν
9 εκεινω τω δουλω
om αυτω
10 *om* οτι[1]
17 δεκα *add* ουτοι
om δε
23 *om* η
εκει *add* ο χριστος
24 υπο τον ουρανον *pro* υπ ουρα-
νον[1]

17, 24 *om* εις την υπ ουρανον
       om και
   25 πολλα παθειν αυτον
   26 *om* του [1]
   27 *litt* ν *prima vocis* επινον
       supra script
   29 θειον και πυρ
   34 δυο εσονται
       om ο [1]
       παραλαμβανεται
18, 1 *om* και [1]
       προσευχεσθαι *add* αυτους
       εγκακειν
    5 χηραν *corr ex* χειρα
    7 ποιηση
       μακροθμει (*sic*)
    9 *om* και [1]
   11 ο τελωνης ουτος
   13 τελωνης *add* απο
       om εις [2]
   14 η *add* γαρ
   15 *om* αυτω
       μαθηται *add* αυτου
   16 *litt* ιου *vocis* τοιουτων *in ras*
   20 *om* σου [2]
   21 παντα ταυτα
   24 το χρημα
       των ουρανων *pro* του θεου
   28 *om* ο
       σοι *add* τι αρα εσται ημιν
   36 τι *add* αν
   38 *om* ιησου
   43 *om* ιδων
19, 2 αυτος *pro* ουτος
       om ην [2]
    3 εδυνατο
    4 *om* δι
       εμελλε
    5 ιδεν
    7 ιδοντες *add* αυτον
    8 ιησουν *pro* κυριον

19, 13 εαυτοις *pro* αυτοις
       εν ω *pro* εως
   23 *om* την
   27 τουτους *pro* εκεινους
   29 *om* το καλουμενον
       των *ante* ελαιων
   30 αγαγετε αυτον
   34 ειπον *add* οτι
   36 εαυτων *pro* αυτων
   37 ιδον
   40 κεκραξωνται
   44 λιθον *pro* λιθω
   46 γεγραπται *add* οτι
20, 1 *om* εν τω ιερω
       ιερεις *pro* αρχιερεις
    3 καγω υμας
       λογον ενα
    7 μη *add litt* ι (*sic*)
   10 απεστειλαν *pro* εξαπεστειλαν
   12 κακεινον *pro* και τουτον
   14 διελογισαντο
       om δευτε
   18 *litt* κ *vocis* λικμηση *supra*
       script
   19 οι γραμματεις και οι αρχιερεις
       την χειρα
   20 εκκαθετους
   28 μωυσης
       εξαναστησει
   31 επτα *add* και
       σπερμα *pro* τεκνα
   34 εκγαμιζονται
   35 εκγαμιζονται
   36 *om* εισι [2]
   37 μωυσης
   41 λεγουσι *add* τινες
   44 αυτον κυριον
       αυτου υιος
   45 ακουσαντος
   46 πρωτοκλησιας
21, 1 ιδεν

21, 2 ιδεν
    om και
    4 εβαλε *add* ταιτα λεγων εφω-
      νει ο εχων ωτα ακοιειν
      ακοιετω
    6 λιθων *pro* λιθω
      ου *add* μη
    8 εν *pro* επι
    9 πτωθητε
    12 παντων
    14 θετε
    15 η *pro* οιδε
    17 δια το ονομα μου υπο παντων
    22 πλησθηιαι *pro* πληρωθηναι
    23 *om* εν³
    25 ηχοις *pro* ηχουσης
    30 *om* ηδη
    33 παρελευσεται
    34 βαρηθωσιν
      αι καρδιαι υμων
      κρεπαλη
      αιφνιδιως
    35 της γης πασης
    36 *om* ταιτα
    38 *litt* ε *vocis* ωρθριζεν *in ras*
22, 3 *om* ο
    4 *om* τοις²
      αυτοις παραδω αυτον
    5 αργυρια
    10 ου *add* εαν
    12 αναγαιον
    17 δεξαμενος *add* το
      εις εαυτους
    18 πιω *add* απο του νιν
      γενηματος
    20 εκχιννομενον
    24 φιλονικια
    27 ουχ
    29 *om* μου
    30 καθισεσθε
    32 στηρισον

22, 34 φωνηση
      εως οι *pro* πριν η
      om μη²
    35 βαλλαντιου
    36 βαλλαντιον
    42 παρενεγκαι (*litt* αι *in ras*)
      γινεσθω
    47 *om* δε
      αυτοις *pro* αυτων
      τω *in ras*
    49 υπερι (*sic*) *pro* οι περι
    53 εστιν υμων
    54 *om* αυτον²
      την οικιαν
      ηκολουθη
    57 *om* αυτον¹
    58 εφη *pro* ειπεν
    60 του πετρου *pro* αυτου
      om ο³
    61 φωνησαι *add* σημερον
    62 *om* ο πετρος
    63 αυτον *pro* τον ιησουν
    64 *om* επιπτον αυτου το προσ-
      ωπον και
      om αυτον²
      om προφητευσον
    65 *litt* α *vocis* ετερα *in ras*
    66 αυτων *pro* εαυτων
    70 οιν *pro* δε¹
23, 1 ηγαγον
    2 εθνος *add* ημων
      φορον
    8 ικανου *add* χρονου
      om πολλα
    10 *litt* η *vocis* εισηκεισαν *in ras*
    11 *om* ο
      om τω
    12 εν¹ *in ras*
    15 ανεπεμψεν
      αυτον προς ημας
    17 *om hunc versum*

23, 18 *om* τον
   26 *om* του [1]
   34 ειπεν *pro* ελεγε
   36 αυτον *pro* αυτω [1]
   42 *om* κυριε
   44 ενατης
   45 *litt* λ *vocis* ηλιος *in ras*
   46 παρατιθεμαι
      τουτο *pro* ταυτα
   51 και [2] *add* αυτος
      om και [3] αυτος
   53 ουδεις ουδεπω
   54 *om* και [2]
      απεφωσκεν
   55 *om* και [1]

24, 4 ανδρες δυο
   5 τα προσωπα
   9 παντα ταυτα
  10 μαρια [2] *add* η
     om αι [2]
  18 *om* εν [1]
  20 αυτον παρεδωκαν
  24 *litt* ο *vocis* το *in ras*
     ιδον
  27 μωυσεως
  32 ελαλη
  37 πτωηθεντες
  44 μωυσεως
  47 αρξαμενος

JOHN

1, 17 μωυσεως
  28 βηθανια *pro* βηθαβαρα
  29 *om* ο ιωαννης
  32 *litt* α *tertia vocis* καταβαινον
     in ras
     ως *pro* ωσει
  40 ιδον
     om δε
  42 *om* ο [2]
  43 *om* δε
  44 *om* ο ιησους
  46 ναθαηλ
     μωυσης
     ναζαρεθ
  47 ναζαρεθ
  48 ιδεν
  49 *om* ο
  51 οψη
2, 2 *om* και [1]
  4 και *ante* λεγει
  15 φραγγελιον
  17 καταφαγεται
  19 *om* ο
  22 *om* αυτοις

2, 23 εν [1] *add* τοις
3, 2 αυτον *pro* τον ιησουν
  5 *om* ο
  10 *om* ο [1]
  11 εορακαμεν
  12 πιστευσητε *pro* πιστευσετε
  14 μωυσης
  16 τον υιον αυτου *in marg*
  23 σαλημ (*corr ex* σαλειμ)
  25 ιουδαιου
  28 *om* μοι
  31 *litt* π *vocis* επανω *in ras*
4, 3 *om* παλιν
  7 *litt* τλ *vocis* αντλησαι *in ras*
  13 *om* ο [1]
  14 διψησει
  17 ειπεν *add* αυτω
  20 τω ορει τουτο (*sic*)
  21 οτι *pro* οτε
  27 εθαυμαζον
  35 ετι *supra script*
  36 *litt* η *vocis* χαιρη *in ras*
  42 εγνωκαμεν *pro* οιδαμεν
  44 *om* ο

4, 45 εορακοτες
50 αυτω [2] *add* ο
51 ανηγγειλαν
υιος *pro* παις
5, 1 *om* ο
2 λεγομενη
3 κατεκειντο
4 γαρ *add* κυριου
εταρασσετο
7 βαλη
8 εγειρε
κραβαττον
9 κραβαττον
10 κραβαττον
11 κραβαττον
12 κραβαττον
37 πωποτε ακηκοατε
45 μωυσης
46 μωυσει
6. 6 ημελλεν
10 οι *add* ανθρωποι
των αριθμων
12 περισσευσαν (*sic*)
13 εγεμησαν
17 ηδει *pro* ηδη
18 διηγηρετο
21 την γην
22 συνηλθεν
πλοιον *pro* πλοιαριον [2]
24 ιδεν
om και [1]
26 ιδετε
27 *rasura post* βρωσιν [1]
28 ποιωμεν
29 *om* ο
32 μωυσης
33 διδους ζωην
36 εορακατε
39 απωλεσω
αλλ
40 εγω *add* εν

6, 44 αυτον [2] *add* εν
45 *om* του [1]
46 εορακεν (*bis*)
53 *om* ο ιησους
54 αυτον *add* εν
57 ζηση
58 τρωγων *add* μου
60 ο λογος ουτος
61 *om* εν εαυτω
63 λελαληκα
7, 1 μετα ταυτα περιεπατει ο ιησους
10 εις την εορτην τοτε και αυτος
ανεβη
12 *om* δε
13 των φοβων
15 οιδεν γραμματα
16 απεκριθη *add* ουν
19 μωυσης
21 *om* ο
22 μωυσης
μωυσεως
23 μωυσεως
30 εληλιθη
31 ποιηση τουτων
32 υπηρετας οι αρχιερεις και οι
φαρισαιοι
33 *om* αυτοις
34 *litt* ε *ultima vocis* ζητησετε
in ras
35 ευρησωμεν
38 *litt* ει *vocis* ειπεν *in ras*
39 ημελλον
om ο
40 των λογων
41 *om* δε
50 προς αυτον νυκτος
52 εγειγερται
7, 53–8, 11 *om hos versus*
8, 12 αυτοις ο ιησους
περιπατηση
14 *om* δε

8, 14 η *pro* και [3]
19 *om* ο [2]
20 ταυτα *add* δε
26 λαλω *pro* λεγω
33 απεκριθησαν *add* και ειπον
38 εορακα
    α ηκουσατε *pro* ο εωρακατε
    τον πατρος *pro* τω πατρι [2]
39 *om* αν
42 αλλα
44 εκ [1] *add* του
54 οτι *add* ο
    ημων *pro* υμων
56 ιδεν *pro* ειδε
57 εορακας
58 ειπεν *add* ουν
9, 1 ιδεν
    γεννετης
3 *om* ο
15 μου επι τους οφθαλμους
17 ανεωξεν
18 *om* ουν
19 ελεγετε *pro* λεγετε
20 υμων *pro* ημων
21 εαυτου *pro* αυτου [2]
22 συνετεθηντο
26 ουν *pro* δε
    ανεωξεν
28 *om* ουν
    μωυσεως
29 μωυσει
30 *litt* θ *vocis* οφθαλμους *in ras*
36 ειπε *add* και
37 εορακας
41 ειπεν *add* ουν
10, 6 *litt* α *prima vocis* παροιμιαν
    in ras
8 ηλθον προ εμου
12 *litt* υκ *vocis* λυκος *in ras*
    om τα προβατα [3]
13 μελλει

10, 18 θηναι
19 εγενετο παλιν
22 *om* τοις
23 *om* του
31 λιθους παλιν
32 ποιων
    εργων
    λιθαζεται
33 *om* συ
38 πιστευετε *pro* πιστευητε
39 *om* ουν
    αυτον παλιν
40 βαπτιζων το πρωτον
41 εποιησεν σημειον
11, 2 εαυτης *pro* αυτης
7 μαθηταις *add* αυτου
9 *om* ο
    litt α *vocis* εαν *supra script*
11 εξυπνησω
12 ουν *add* αυτω
    om αυτου
15 αλλα
20 *om* ο
21 απεθανεν
32 αυτου εις τους ποδας
33 ιδεν
40 οψη
45 *om* οι
48 υμων *pro* ημων
54 *litt* ι *vocis* εφραιμ *supra*
    script
12, 2 ανακειμενων συν *pro* συνανα-
    κειμενων
    litt ιξ *vocis* θριξιν *in ras*
   ꝧ εμελλεν
7 αυτην *add* ινα
    τηρηση
12 *om* ο [2]
13 *om* ο [2]
18 *om* και
26 τις διακονη

12, 28 πατερ *add* αγιε
   29 εστηκως
   34 *om* οτι [2]
   40 τη καρδια συνωσι *pro* νοησωσι
      τη καρδια
      επιστρεψωσιν
      ιασομαι
   41 ιδεν
   50 αυτη *pro* αυτου
13, 1 ηλθεν
   15 δεδωκα
      ποιειτε *pro* ποιητε
   18 εγω *add* γαρ
      om την
   20 αν *pro* εαν
   23 εις *add* εκ
   25 αναπεσων
   26 εμβαψας *pro* βαψας
   30 *litt* ου *vocis* ουν *in ras*
   31 *om* ο [1]
   33 ζητησεται
   36 οπου *add* εγω
      litt σαι *vocis* δυνασαι *supra*
       script
   37 *om* ο
   38 φωνηση
14, 7 εορακατε
   9 εορακως
      εορακεν
   14 *om* τι
   23 *om* ο [1]
      τηρηση
   27 *om* ου
   30 *om* τουτου
      ευρισκει *pro* ουκ εχει
15, 2 φερων *pro* φερον [1]
   6 εις *add* το
      καιετε
   15 ουκ οιδεν ο δουλος (*voces* ουκ
      οιδεν *et* ο δουλος *litteris* B
      et A *supra scriptis nota-*
      tae sunt)

15, 16 μεινη
      δωη
   24 εορακασιν
16, 1 *om hunc versum*
   3 *om* υμιν
   7 γαρ *add* εγω
   8 ελγεξη (*sic*) (*litt* γ *in ras*)
   10 ου *pro* ουκ ετι
   13 λαληση *pro* λαλησει [2]
   16 *om* εγω
   19 δε *pro* ουν
   20 χαρισεται
   22 εξετε
      χαρισεται
   23 ο εαν (*rasura post* ο) *pro*
      οσα αν
   33 εχετε *pro* εξετε
17, 2 εδωκας *pro* δεδωκας
      δωσει *pro* δωση
   6 *om* εκ του κοσμου
   11 ω *pro* ους
   13 εαυτοις *pro* αυτοις
   20 πιστευοντων
18, 2 ηδη *pro* ηδει
   8 *om* ο
   11 *om* σου
   20 *om* τη
   25 ηρνησατο *add* ουν
   26 ιδον
   27 *om* ουν
      om ο
   31 δε *pro* ουν [2]
   32 εμελλεν
   34 αλλος
      ειπεν
   36 *om* ο
19, 2 αυτον *add* και ηρχοντο προς
      αυτον
   4 *om* ουν
      εξω ο ιησους
   5 ιδον

19, 6 σταυρωσον² *add* αυτον
 7 θεου υιον
11 *om* ο¹
12 εκραυγαζον *pro* εκραζον
 εαυτον *pro* αυτον²
13 τουτων των λογων
 om του
14 ην ως *pro* δε ωσει
16 ηγαγον
19 επεθηκεν
20 ο τοπος της πολεως
23 αραφος
27 ο μαθητης αυτην
28 ιδως
30 δε *pro* ουν
31 *om* η
 αυτον *pro* αυτων
33 ιδον
35 εορακως
 εστιν αυτου
 ινα *add* και
39 *om* ωσει

19, 40 αυτω εν *pro* αυτο
20, 8 ιδεν
14 *om* και¹
 om ο
15 εθηκας αυτον
16 ραβουνι
21 αποστελλω *pro* πεμπω
23 και κρατηνται *pro* κεκρατην-
 ται
25 εορακαμεν
28 *om* ο¹
29 εορακας
 om θωμα
31 *om* ο¹
21, 1 ο ιησους παλιν
 3 εξηλθον *add* ουν
 5 *om* ουν
11 τοσουτον
18 οτι *pro* οτε
22 ερχωμαι
23 ερχωμαι

II

CODEX 2346 (GREGORY)[1]

OF the history of this manuscript we know nothing beyond the fact that Dr. Joseph Martini of New York, who sold it to the Seminary, bought the codex from two Greeks in January, 1913. The Greeks declared that it had been brought to America from the Laura on Mount Athos. The end of the manuscript is missing, and though there are brief marginal notes by various hands, there is nothing to indicate the identity of the scribe.

The codex is written on parchment of a coarse quality, and contains 273 folia (29 to 29½ cm. × 21 to 22 cm.). It is roughly bound in boards covered with red silk, and the binding has been done so carelessly that a number of leaves are misplaced. Some of them have been mutilated, apparently gnawed by mice, and some are discolored by water and age. The pages have been ruled with a stylus on one side, and the manner of the ruling indicates preparation for the marginal scholia. It is by no means improbable that the commentary was copied directly from the exemplar. There are no catchwords or quire numbers, nor are there any pressmarks. The ink is brown and the initials are in red. The letters are ordinarily clear and legible. In some cases they have been restored by a later hand, and occasionally erasures are found. The manuscript contains no miniatures or illuminations.

The following portions of the gospels are preserved: Mt. 17:10 ([ὅ]τι ἠλίαν)-18:4 (οὐρανῶν); 18:12 (δοκεῖ)-21:33 (φραγμόν); 21:44 (τοῦτον)-24:6 (γενέσθαι); 24:21 (ἀπ' ἀρχῆς)-25:31 (ὅ[ταν]); 26:9 ([πραθῆ]ναι)-27:29 (πλέξαντες); 27:55 (τῷ ἰησοῦ) to the end of the gospel; Mk. 1:21 (ἐδίδασκεν)-2:13 (ἐξῆλ[θε]); 2:21 ([ἐπί]βλημα)-7:17 (ἀπὸ τοῦ); 7:28 ([ὑποκά]τω)-8:26 (τι[νί]); 8:36 (τί)-11:21 (αὐτῷ); 11:33 (ἀποκριθείς) to the end of the gospel; Lk. 1:8 ([ἐγένε]το)-6:49 (οἰκίαν); 7:10 ([ἀσθε]νοῦντα)-12:54 (οὕτως); 13:6 ([ἔλε]γεν)-18:11 (τελώνης); 18:22 (θησαυρόν) to the end of the

[1] Professor von Soden, shortly before his death, designated the manuscript A 16.

CODEX 2346
MARK 16:13–18

τῶν ἀνόμων λαμβάνουσι δόξαν. εἶπεν δὲ ὁ ἔχων βαλλάντιον ἀράτω καὶ πήραν· ὁ
δὲ μὴ ἔχων· πωλησάτω τὸ ἱμάτιον αὐτοῦ· καὶ ἀγορασάτω μάχαιραν· τὸ
δὲ οὐ καθοπλίζων αὐτοὺς [illegible]· ἀλλὰ τὴν τῶν Ἰουδαίων ἔφοδον
δηλῶσαι [illegible].

[illegible]

ΣΟΖ Λέγω γὰρ ὑμῖν· ὅτι ἔτι τοῦτο τὸ γεγραμμένον δεῖ τελεσθῆναι ἐν ἐμοί· τὸ καὶ μετὰ ἀνόμων ἐλογίσθη· καὶ γὰρ τὰ περὶ ἐμοῦ τέλος ἔχει. οἱ δὲ εἶπον· κ(ύρι)ε ἰδοὺ

ΣΟΗ Μάχαιραι ὧδε δύο. ὁ δὲ εἶπεν αὐτοῖς· ἱκανόν ἐστιν· καὶ ἐξελ-

ΣΟΘ θών· ἐπορεύθη κατὰ τὸ ἔθος εἰς τὸ ὄρος τῶν ἐλαιῶν· ἠκολούθησαν δὲ αὐτῷ καὶ οἱ μαθηταὶ αὐτοῦ. γενόμενος δὲ ἐπὶ τοῦ τόπου· εἶπεν αὐτοῖς·

[illegible]

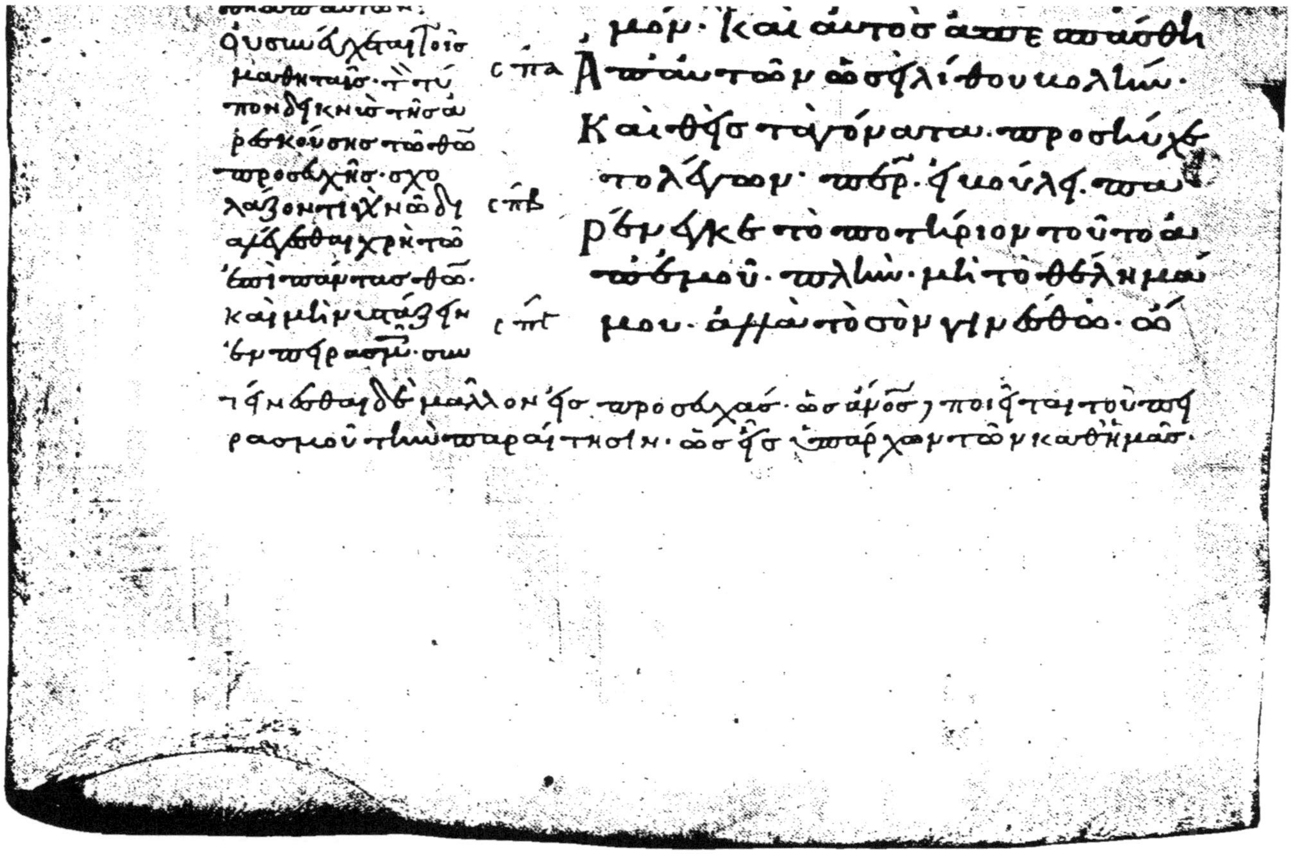

Codex 2346

Luke 22:37–42

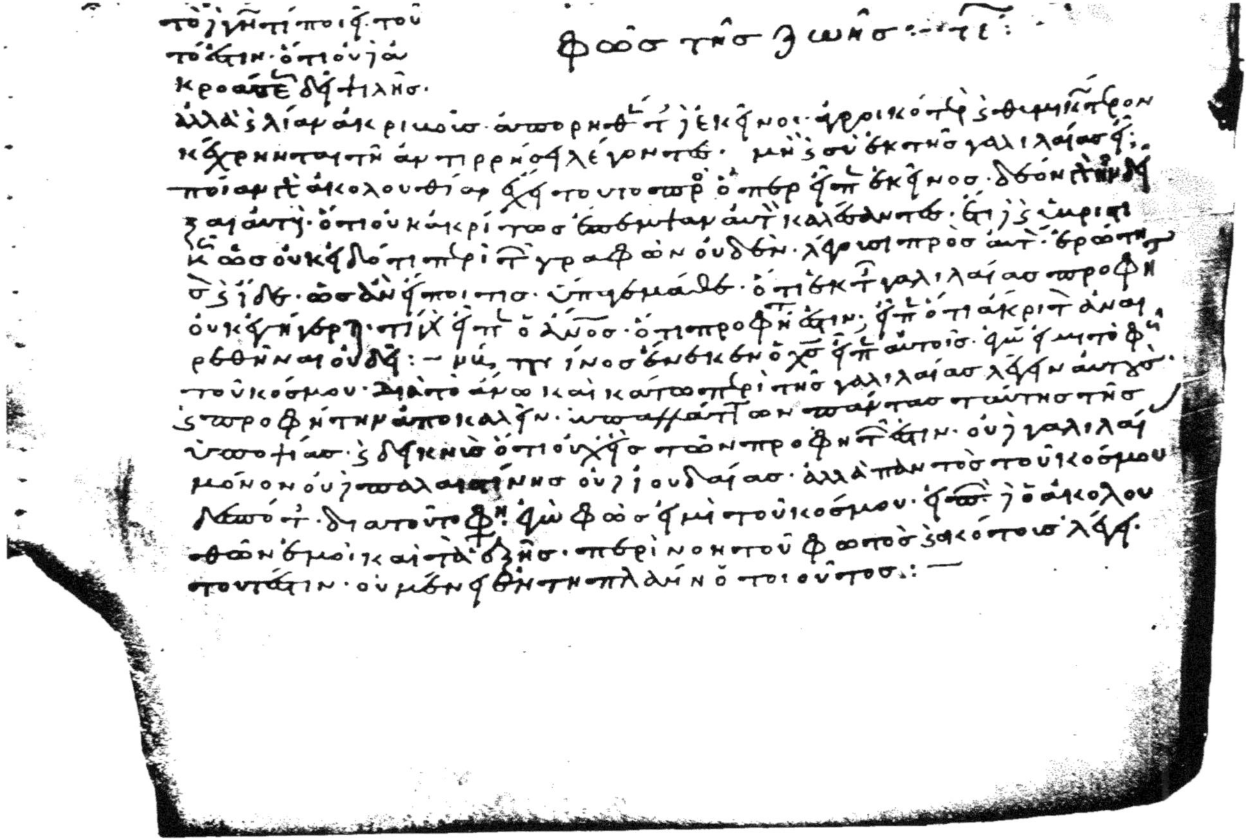

CODEX 2346

JOHN 7:50–8:12 (PERICOPE ADULTERAE DEEST.

gospel; Jn. 1:9 (τὸ φῶς)–1:52 (καταβαίνοντας); 2:10 (πᾶς)–5:37 (ἐμοῦ); 6:3 (ἀνῆλθεν)–6:50 (ἐ[στιν]); 7:14 (ἤδη)–15:8 (ἐδοξά[σθη]); 15:19 ([ὑ]μᾶς ὁ κόσμος)–19:6 (λέγοντες).

It will be noted that Matthew is very defective, and that the opening verses are wanting to each of the gospels; but that the conclusions of Matthew, Mark, and Luke are preserved. The *pericope adulterae* is omitted, and the scribe has given no indication, either in the text or in the commentary, that he knew of its existence. It is possible of course that the passage may have stood at the end of the Fourth Gospel.[1] The codex contains the letter of Eusebius to Carpianus (placed at the end of Matthew); the sections with the Eusebian canons (the tables are wanting); the τίτλοι; a list of twenty-two κεφάλαια for Mark (beginning with περὶ τοῦ δαιμονιζομένου and ending with περὶ τοῦ τυφλοῦ), and a prologue to the Second Gospel; a list of forty-five κεφάλαια for Luke (beginning with περὶ τῆς ἀπογραφῆς and ending with περὶ τοῦ θέλοντος μερίσασθαι τὴν οὐσίαν), and a prologue and a short epilogue to the Third Gospel. All these are in red ink, in much ruder chirography, and are apparently later in date than the rest of the manuscript.

The Marcan prologue, with the abbreviations expanded, is as follows: Κατὰ μάρκον τὸ εὐαγγέλιον ἐπιγέγραπται. ἐπειδὴ αὐτὸς μάρκος ὁ μαθητὴς πέτρου· καὶ συνέκδημος παύλου. συνεγράψατο τὸ εὐαγγέλιον τοῦτο· διηγεῖται δὲ ἐξ ἀρχῆς λέγων. ἀρχὴν εἶναι τοῦ εὐαγγελίου. τὸ τοῦ ἰωάννου κήρυγμα καὶ βάπτισμα· λαβὼν τὸ μαρτύριον παρὰ ἡσαΐου τοῦ προφήτου· σημαίνει δὲ καὶ αὐτός. ὅτι ἐπειράσθη ἐν τῷ ὄρει· οὐ καταλέγει δὲ τοὺς πειρ'ασμούς· ἀπαγγέλλει δὲ τὴν ἐκλογὴν τῶν μαθητῶν. καὶ σημεῖα καὶ τέρατα γενόμενα. τήν τε τοῦ μυστηρίου παράδοσιν. καὶ τέλος. ὅτι παρεδόθη πιλάτῳ· καὶ ἐσταυρώθη τῷ σώματι· καὶ οἱ μὲν στρατιῶται διεμερίσαντο τὰ ἱμάτια αὐτοῦ· τὸ δὲ σῶμα τεθὲν ἐν μνημείῳ. ἠγέρθη ἐν τριημέρῳ· καὶ τοῦτο ταῖς γυναιξὶν ὁ καταβὰς ἄγγελος ἀπήγγειλεν· ἵνα καὶ αὐταὶ ἀπαγγείλωσι τοῖς μαθηταῖς: —: —

The Lucan prologue, with the abbreviations expanded, is as follows: Κατὰ λουκᾶν τὸ εὐγγέλιον ἐπιγέγραπται· ἐπειδὴ λουκᾶς ὁ μαθητὴς πέτρου· ὁ καὶ χειροτονηθεὶς συνέκδημος παύλου· καὶ μαρτυρηθεὶς παρ' αὐτοῦ. αὐτὸς συνεγράψατο τὸ εὐαγγέλιον τοῦτο· ἄρχεται δὲ

---

[1] K, Π, and 1, with whose readings 2346 often agrees, have the section on the adulteress, though in Π it is marked with asterisks and in 1 it is put at the end of John.

ἀπὸ τῆς ἰωάννου γεννήσεως· καὶ ἐξῆς διηγεῖται τὴν κατὰ σάρκα γέννησιν
τοῦ σωτῆρος. γενεαλογῶν καὶ ἀναβαίνων ἀπὸ τοῦ ἰωσήφ· ἐπὶ τὸν δαβὶδ καὶ
ἀπὸ τοῦ δαβίδ. ἕως τοῦ ἀδάμ· ἐξηγεῖται δὲ πάλιν καὶ αὐτὸς τὸ βάπτισμα
ἰωάννου· καὶ τοὺς ἐν τῶ ὄρει γενομένους παρὰ τοῦ διαβόλου πειρασμούς·
τήν τε ἐκλογὴν τῶν μαθητῶν· καὶ ἄλλων ο' ἀνάδειξιν· σημεῖά τε καὶ
τέρατα πολλὰ γενόμενα. καὶ τὴν τοῦ μυστηρίου παράδοσιν· καὶ τέλος
ὅτι ποντίω πιλάτω παρεδόθη· καὶ ἐσταυρώθη σαρκί· καὶ οἱ μὲν
στρατιῶται διαμερίζονται τὰ ἱμάτια αὐτοῦ· τῶν δὲ σταυρωθέντων β'
λῃστῶν ὁ εἷς αὐτῶν μετανοήσας. ὡμολόγησε· καὶ ἔτι τὸ σῶμα τεθὲν ἐν
τῶ μνημείω. ἠγέρθη τριήμερον· καὶ μετὰ ταῦτα ἀνελήφθη βλεπόντων
τῶν μαθητῶν: — [1]

The epilogue is more than half obliterated, and it was only after
repeated examination with the aid of a magnifying glass that we
were able to read enough to establish its substantial identity with
one which Scrivener quotes from the end of the Lambeth Codex
1178 (Scrivener 512; Gregory 473).[2] The following words are
legible: ὅτι τὸ [κατὰ] λουκᾶν εὐαγγέλιον . . . ὑπὸ παύλου ἐν ῥώμη.
ἅτε . . . ἱερατικοῦ χαρακτῆρος ὑπάρχοντος ἀπὸ . . . τοῦ ἱερέως
θυμιῶντος ἤρξατο. This and similar epilogues to the other synoptic
gospels are ascribed in the Lambeth manuscript just mentioned to
Cosmas Indicopleustes, an Alexandrian merchant and traveler of
the sixth century after Christ.

We have not yet read the scholia in full. The commentary on
Mark is that of Victor of Antioch, and the text is nearly identical, in
every place where we have tested it, with that printed by Matthaei.
The commentary ends with Mark 16: 8; but it is so arranged
that it fills the margin to the end of the chapter, though the ordi-
nary longer ending of the gospel is given in the text.

The scholia on the earlier part of Luke are similar to those which
Matthaei found in his MS. A (Gregory 259), but on the latter part

---

[1] Cf. Matthaei, Βίκτωρος Πρεσβυτέρου Ἀντιοχείας . . . Ἐξήγησις εἰς τὸ κατὰ Μάρκον
Ἅγιον Εὐαγγέλιον (1775), II, p. 137.

[2] Cf. Scrivener, A Full and Exact Collation of about Twenty Greek MSS. of the Holy
Gospels (1853), pp. xxxi ff. and 135. This passage contains a manifest blunder, πέτρου
being substituted for παύλου. The correct reading is given in his Plain Introduction to
the Criticism of the N. T.[4] (1894), I, p. 66. In the earlier work Scrivener assigns the
manuscript to the 10th or the 11th century, but in his Introduction to the 11th or the
14th. Gregory (Textkritik des N. T., 1909, p. 193) thinks it was written in the 13th
or 14th century.

of the gospel they are nearly the same as those contained in his D (Gregory 237).[1] We give the test passages:[2] . . . καὶ πολυχρόνιοι (Matthaei iii); γέγραπται ἐν τῇ ἐξόδω . . . μετὰ ἄλλους ἑπτὰ μῆνας (Matthaei iv); διὰ συγκαταθέσεως ὤφθη . . . μὴ φοβοῦ ζαχαρία (Matthaei v); ἐπειδὴ πάντες οἱ ὁρῶντες . . . τὴν τοῦ σωτῆρος ἐπιδημίαν (Matthaei vi); ἐξεγείρει ὁ κύριος τοὺς περὶ κλεώπαν . . . εὐλογήσας καὶ κλάσας ἐδίδου (Matthaei vi *a fine*); ἀναστάντες φησὶν οἱ περὶ κλεώπαν . . . ὧν ἐμνήσθη ὁ ματθαῖος (Matthaei v *a fine*); οὐκέτι κρατουμένοις τοὺς ὀφθαλμούς . . . τὴν χειρὸς ἀφήν (Matthaei iv *a fine*); φαγὼν ὁ χριστὸς μετὰ τὴν ἀνάστασιν . . . πνεῦμα δὲ οὐκέτι (Matthaei iii *a fine*); ἡ ἐπαγγελία τοῦ πατρὸς ἦν . . . καὶ ἀλλογλώσσοις ἔθνεσι προσδιαλέγεσθαι (Matthaei ii *a fine*); τοῦτο ἐποίησε τῇ τεσσαρακοστῇ . . . ἑκάστω κατὰ τὰ ἔργα αὐτοῦ (Matthaei *ultimum*). The scholia on John show points of contact with those which Matthaei quotes from his MS. A.[3] The beginning of the first scholium is wanting in our manuscript, but it ends with τὴν τοῦ νοῦ γνῶσιν in agreement with his ii. The second scholium reads: πάλιν τὸ ἦν· διὰ τοὺς βλασφημοῦντας . . . ὅπερ ἦν ἐκεῖνος· πρὸς ὃν ἦν, and is the same as his iii. The third begins, like his iv, with ἀνακεφαλαιοῦται ἐν ὀλίγοις ῥήμασι, but it varies in its conclusion: τὴν ὑμῶν ἐπιδείκνυσιν. The beginning of the fourth is the same as his v, viz. εἰπὼν τὸ οὗτος ἦν ἐν ἀρχῇ, but the end is torn off. We have not been able to identify this commentary more fully.

It has proved even more difficult to ascertain the sources of the scholia on Matthew. They differ decidedly from any of those contained in Cramer's *Catenae Graecorum Patrum in Novum Testamentum*,[4] in the *Catena Aurea* of Thomas Aquinas,[5] or in other accessible collections. There are echoes of Cyril of Jerusalem, of Chrysostom, and of one or two other Fathers; but after considerable investigation we have been unable to connect our scholia with any catenae known to us. No assistance has been derived, except in a negative way, from Lietzmann's collection of *Stichproben* taken from certain manuscripts in Paris.[6]

---

[1] Cf. Matthaei, *op. cit.*, II, pp. 130 f. and 137 ff.
[2] The first seven verses of Luke are lacking.
[3] Cf. Matthaei, *op. cit.*, II, pp. 131 f.   [4] Oxford, 1844.
[5] Oxford, 1841–1845.
[6] Lietzmann, *Catenen* (Freiburg i. B., 1897).

Annotations of various sorts and by different hands frequently occur in the margin of the manuscript. The musical notes in green ink found on pages 12b, 13, 21, 190b, and 255 point to the use of the codex in church services.

In what has been said there is no definite indication of the date or provenance of the manuscript. The following facts, however, deserve consideration in this connection. There are no comments of later writers, such as Theophylact or his younger contemporary Euthymius Zigabenus; the scholia are in the earlier form, *i.e.* they are marginal and not interlinear; and the muscial notes, which are probably somewhat later than the codex itself, belong to the Greek notation in use from the fifth to the thirteenth century.[1]

More help can be derived from the style of the writing. The letters, which are of the earlier minuscule type, are nearly upright with a slight inclination to the right. The breathings are always square and iota subscript is never used. Οὕτως is preferred to οὕτω, and ν ἐφελκυστικόν is frequently added even before consonants. Alpha is written in the ordinary minuscule form with very slight variations. Beta usually resembles υ, but sometimes appears as β. Gamma is wide open at the top and occasionally has the uncial form, like the Latin F without the small crossbar; and in this shape it extends far above the line. Delta sometimes has a semi-uncial form. Epsilon is ordinarily made with a single stroke and looks somewhat like the letter *b* in script, though it is occasionally semi-uncial. Eta is written like the English *h* or the uncial H. In theta the crossbar is prolonged. Iota is lengthened either above or below the line. Kappa is often semi-uncial. In lambda the first stroke is often the principal one and is much prolonged below the line. Nu has both the minuscule and the uncial shape. Sigma usually has the minuscule form, but sigma *lunatum* occurs in a few instances. Tau

[1] Cf. Tillyard, in *Musical Antiquary* (1911), II, pp. 80 ff. and 154 ff.; Fleischer, *Neumen-Studien* (1895), *passim;* Thibaut, *Origine byzantine de la notation neumatique de l'église latine* (1907), pp. 17 ff. For a facsimile of a 10th century manuscript containing muscial notes which closely resemble those found in Codex 2346 see plate 3 in the last-mentioned work. Cf. also The New Palaeographical Society, *Facsimiles of Ancient Manuscripts and Inscriptions* (1903–), ser. II, pt. I, pl. 4; Montfaucon, *Palaeographia Graeca* (1708), pp. 231 ff.; Gerbertus, *De Cantu et Musica Sacra* (1774), II, pp. 56 ff. and tab. V; and Gastoué, *Catalogue des manuscrits de musique byzantine*, section de Paris (1907), pl. 2, and the remarks on pp. 4 ff.

sometimes extends above the line. In psi the curved line is flattened and the cross-stroke has a small horn on the left above and on the right below. Omega always has the closed form, like an 8 laid on its side. The interrogation mark seems to be used wherever the interrogative character of the sentence is not made clear by a word like τίς or πόσος. The comma does not occur, and punctuation is indicated only by the use of the point in the three positions.

On palaeographical grounds we assign Codex 2346 to the latter part of the tenth or the first quarter of the eleventh century.[1] The letter to Carpianus, the prologues and epilogues, and the lists of κεφάλαια appear to be nearly two centuries later.

Codex 2346, like most minuscules, exhibits in general the " Syrian " text, but it often departs from this type and agrees with the older uncials. Consequently in many cases it has the readings adopted by modern critical editors instead of those of the Textus Receptus. It coincides very often with K and Π in all four gospels, and hence seems to be related to von Soden's K^a group; but the text also shows, especially in John, a marked similarity to that of ι, which von Soden puts in class H^r of his I group. With the exception of the conflate reading ἐν μέσῳ ἔμπροσθεν αὐτῶν in Mt. 18: 2, we have found no unique readings in this manuscript.

[1] For facsimiles of manuscripts closely resembling Codex 2346, cf. Thompson, *An Introduction to Greek and Latin Palaeography* (1912), facsim. No. 54 (*an.* 896); The New Palaeographical Society, *op. cit.*, ser. I, pt. I, pl. 50 (*an.* 984); and De' Cavalieri et Lietzmann, *Specimina Codicum Graecorum Vaticanorum* (1910), tab. 17 (*an.* 991).

MATTHEW

17, 14 αυτον *pro* αυτω [2]
25 εισηλθον
27 *om* την
αναβαινοντα
18, 2 μεσω *add* εμπροσθεν *
4 ταπεινωσει
5–11 *om hos versus*
15 *om* και [1]
18 αν *pro* εαν [1]
αν *pro* εαν [2]
19 παλιν *add* αμην
28 ει τι *pro* ο τι
29 σοι αποδωσω
30 αλλ
31 εαυτων *pro* αυτων
33 *litt* συν *vocis* συνδουλον *in*
marg
19, 3 *om* οι
om αυτω [2]
9 *om* ει
παρεκτος λογου πορνειας *in*
marg
19 *om* σου [1]
25 *om* αυτου
26 *om* εστι [2]
29 οστις *pro* ος
20, 2 και συμφωνησας *pro* συμφω-
νησας δε
3 *om* την
4 αμπελωνα *add* μου
21 ευωνυμων *add* σου
22 πιειν *pro* πίνειν
η *pro* και

20, 23 *om* μου [3]
εμον *add* τουτο
παρα *pro* υπο
21, 3 αποστελλει
7 εκαθισεν
11 ναζαρεθ
12 *om* ο
14 χωλοι και τυφλοι
22 εαν *pro* αν
28 *om* μου
30 ετερω *pro* δευτερω
33 *om* τις
22, 7 και ακουσας *pro* ακουσας δε
βασιλευς *add* εκεινος
9 εαν *pro* αν
13 χειρας και ποδας
21 καισαρος [2] *add* τω
24 μωνσης
25 *litt* κα *vocis* γυναικα *supra*
script
27 *om* και
31 *om* υμιν
37 εφη *pro* ειπεν
45 δαβιδ *add* εν πνευματι
23, 3 εαν *pro* αν
4 δε *pro* γαρ
23 ταυτα *add* δε
25 αδικιας *pro* ακρασιας
36 υμιν *add* οτι
παντα ταυτα
37 αποκτενουσα
24, 2 *om* μη [2]
35 παρελευσεται

* Ἔμπροσθεν is reported in the *Collationes* of J. M. Caryophilus as the reading of one manuscript, which apparently had ἔμπροσθεν instead of ἐν μέσῳ. The manuscript has not been indentified. The conflate reading ἐν μέσῳ ἔμπροσθεν αὐτῶν seems not to be found elsewhere. See Possinus, *Catena Graecorum Patrum* (1673), p. 465; Wetstein, *Novum Testamentum Graecum* (1751–1752), I, p. 61; and Birch, *Quatuor Evangelia Graece* (1788), pp. xxxvi ff.

36 *om* της [2]

    om μου

40 *om* ο [1]

    om ο [2]

41 *litt* νι *vocis* μυλωνι *supra script*

25, 2 *om* αι

  3 αυτων *pro* εαυτων [1]

  8 τοις *pro* ταις

  9 ου μη *pro* ουκ

  13 *om* εν η ο υιος του ανθρωπου ερχεται

  19 *litt* ρει *vocis* συναιρει *supra script*

  30 εκβαλετε

26, 9 δοθηναι *add* τοις

  11 τους πτωχους γαρ παντοτε εχετε μεθ εαυτων

  17 ετοιμασομεν

  18 ειπεν *add* αυτοις

  26 ευχαριστησας *pro* ευλογησας

26, 28 *rasura post* τουτο

  29 πιω *pro* πινω

  33 εγω *add* δε

  35 ομοιως *add* δε

  36 γεθσημανι

  39 προσελθων

  43 ευρεν

  45 *om* αυτου

  48 εαν *pro* αν

  52 αποθανουνται *pro* απολουνται

  57 καιφαν

  59 θανατωσωσιν αυτον

  70 εμπροσθεν *add* αυτων

  71 αυτοις *pro* τοις

  74 καταθεματιζειν

27, 11 *om* αυτω

  22 *om* αυτω

  64 *om* νυκτος

28, 3 ειδεα

  10 και εκει

  19 *om* ουν

MARK

1, 37 σε ζητουσι

  38 και εκει

    εληλυθα

  44 αλλα

    μωυσης

2, 1 εισηλθεν παλιν

  4 κραβαττον

  8 ουτως *add* αυτοι

  9 σου *pro* σοι

    εγειρε

    κραβαττον

  11 εγειρε

    κραβαττον

  12 κραβαττον

  21 πληρωμα *add* απ

  26 *om* του [2]

3,   εγειρε

  ⁶⁄₈ εξελθοντες *corr ex* εξελθον

3, 12 φανερον αυτον

  27 *om* ου

    ουδεις δυναται

  31 αδελφοι *add* αυτου

4, 1 *om* το

  4 *om* του ουρανου

  9 *om* αυτοις

  11 *om* τα

  18 *om* ουτοι εισιν [2]

  22 *om* ο

  30 ομοιωσομεν

    παραβαλουμεν

  31 κοκκον

  33 εδυναντο

5, 3 μνημασι

    εδυνατο

  4 τας αλυσεις υπ αυτου

  6 *om* απο

5, 12 παρεκαλουν
    om παντες
18 μετ αυτου η
19 και *pro* ο δε ιησους
    πεποιηκε
26 *om* παρ
28 γαρ *add* εν εαυτη
38 θορυβον *add* και
40 παντας
41 εγειρε
6, 2 ινα *pro* οτι
    γινωνται
5 εδυνατο
6 εθαυμαμαζε (*sic*)
15 αλλοι[1] *add* δε
    om η
17 *om* τη
19 εδυνατο
29 *om* τω
33 *om* οι οχλοι
    αυτους *pro* αυτον[1]
34 ο ιησους ειδεν
37 δηναριων διακοσιων
38 λεγουσιν *add* αυτω
44 *om* ωσει
45 βηθσαιδα
52 αυτων η καρδια
53 γεννησαρετ
55 κραβαττοις
7, 11 μητρι *add* αυτου
8, 8 εχορτασθησαν *add* παντες
14 επελαθοντο *add* οι μαθηται
    αυτου
21 λεγει
    ουπω *pro* πως ου
36 ανθρωπος (*corr ex* τον ανθρω-
    πον)
9, 3 ωσει *pro* ως
6 λαλησει
7 *om* λεγουσα
8 ειδον αλλα τον ιησουν μονον
    μεθ εαυτων *eras*

9, 22 εις[1] *add* το
28 δια τι *pro* οτι
    εδυνηθημεν
38 τινα *add* επι
    και . . . ημιν *in marg*
41 *om* τω
42 εαν *pro* αν
45 καλον *add* γαρ
    εισελθειν *add* σε
10, 2 *om* οι
14 *om* και[2]
16 ευλογει
17 οδον *add* ιδου τις πλουσιος
    om εις[2]
24 *om* τοις[2]
25 *om* της[1]
    om της[2]
    διελθειν *pro* εισελθειν[1]
28 ηρξατο δε *pro* και ηρξατο
29 *om* δε
    και *add* ενεκεν
30 διωγμον
31 *om* οι
33 *om* τοις[2]
40 *om* μου[2]
43 υμων διακονος
44 εαν *pro* αν
49 εγειρε
11, 2 ον *add* ουπω
4 *om* τον
9 κυριου *add* και
17 ο *pro* οτι
12, 25 *om* οι
26 του *pro* της
    πως *pro* ως
28 παντων
29 *om* οτι
    πρωτη παντων εντολη
32 *om* θεος
33 *om* των[2]
35 χριστος *add* ο

12, 36 *om* τω [1]
       om τω [2]
       λεγει *pro* ειπεν [2]
13, 11 μη *in marg*
    14 εστως
    21 *om* η
    23 απαντα
    29 ιδητε ταυτα
    32 η *pro* και
14, 3 τον *pro* το
     5 εδυνατο
     6 εν εμοι *pro* εις εμε
     8 εσχεν
     9 αμην *add* δε
       εαν *pro* αν
   10 *om* ο [1]
   12 ετοιμασομεν (*corr ex* ετοιμα-
        σωμεν)
   22 αρτον *add* και
   25 γενηματος
   27 προβατα *add* της ποιμνης
   30 οτι *add* συ
   31 δεη με
       απαρνησωμαι
   32 γεθσημανι
   33 *om* τον [2]
   40 καταβαρυνομενοι

14, 43 ιουδας *add* ο ισκαριωτης
       ξυλων *add in marg* απε-
       σταλμενοι
   45 λεγει *add* αυτω
   51 ηκολουθησεν
   62 εκ δεξιων καθημενου
       επι *pro* μετα
   65 εβαλον
   71 ομνυναι
   72 το ρημα ο
15, 14 περισσως
   22 τον γολγοθαν
   24 διαμεριζονται
   31 *om* δε
   32 αυτω (*corr ex* αυτον) *pro*
       αυτον
   33 ενατης
   34 ενατη
       λιμα
       om μου [1]
   40 *om* και [2]
       om του [1]
   47 μαρια [2] *add* η
16, 1 *om* του [2]
     8 *om* ταχυ
     9 σαββατων
   18 βλαψη

LUKE

1, 8 εναντιον
   10 ην του λαου
   14 γεννησει *corr ex* γενεσει
   22 εδυνατο
   26 ναζαρεθ
   36 γηρει
       τη *supra script*
   44 το βρεφος εν αγαλλιασει
   62 ενενευον *litt* ον *supra script*
   65 αυτοις *pro* αυτους
2, 4 ναζαρεθ
   12 *om* τη

2, 20 υπεστρεψαν
   21 αυτον *pro* το παιδιον
   28 αυτον *pro* αυτο
   39 εαυτων *pro* αυτων
       ναζαρεθ
   51 ναζαρεθ
3, 1 ηγεμονευτος (*sic*)
     2 επι αρχιερεως
       om του
   24 ματθαν
   27 ιωανναν
   30 ιωανναν

3, 33 αραμ *add* του ιωραμ
  35 σερουχ
     φαλεγ
4, 1 πληρης πνευματος αγιου
  7 πασα
  8 *om* γαρ
  10 σε *add in marg* εν πασαις
     ταις οδοις σου
  11 *om* οτι
  14 *om* ο
  16 ναζαρεθ
  18 εινεκεν
     ευαγγελισασθαι
  23 *om* τη [1]
  29 *om* της [2]
  31 κατηλθεν *add* ο ιησους
  35 απ *pro* εξ
     om το [2]
  38 *om* η
5,   χαλασωμεν
  6 πληθος ιχθυων
  8 *om* του
  14 μωυσης
  19 *om* δια [1]
  23 εγειρε
  24 παραλυτικω *pro* παραλελυ-
     μενω
     εγειρε
  27 εθεασατο *add* ο ιησους
  29 *om* ο
  30 μετα *add* των
  36 *om* επιβλημα [2]
6, 7 *om* αυτον
     κατηγοριαν *add* κατ
  9 απολεσαι (*litt* λεσ *in ras*) *add*
     οι δε εσιωπων
  10 αυτω *pro* τω ανθρωπω
     om ουτω
  17 του *pro* τοπου
  23 χαρητε
  26 *om* υμιν

6, 28 υμας *pro* υμιν
     om και
  35 *om* του
7, 11 τω *pro* τη
     πολυς *add* της πολεως
  12 *om* ην
  16 παντας
  18 *litt* λαν *vocis* απηγγειλαν
     supra script
  24 τοις οχλοις *pro* προς τους
     οχλους
  25 διαγοντες *pro* υπαρχοντες
  28 *om* προφητης
  31 *om* ειπε δε ο κυριος
  34 φιλος τελωνων
  37 αμαρτωλος *add* και
8, 3 αυτοις *pro* αυτω
  14 ακουοντες
  18 εαν *pro* αν [1]
     εαν *pro* αν [2]
  19 εδυναντο
  24 και προσελθοντες *pro* προσελ-
     θοντες δε
  28 *om* του θεου
  33 εισηλθον
  34 *om* απελθοντες
  43 ιατροις *pro* εις ιατρους
  51 ελθων
     ιωαννην και ιακωβον
9, 1 *om* μαθητας αυτου
  5 εαν *pro* αν
  9 *om* ο
  10 βηθσαιδαν
  13 ιχθυες δυο
  23 *om* καθ ημεραν
  27 αληθως *add* οτι
     εστωτων
  28 *om* τον
  33 μιαν μωσει
  36 *om* ο
  38 επιβλεψαι

9, 40 εκβαλωσιν
εδυνηθησαν
41 τον υιον σου ωδε
47 ειδως *pro* ιδων
49 δαιμονια εκβαλλοντα *pro* εκ-
βαλλοντα τα δαιμονια
50 υμων *pro* ημων [1]
υμων *pro* ημων [2]
55 δε *add* ο ιησους
57 εαν *pro* αν
58 κατασκηνωσεις ο δε υιος του
ανθρωπου *in marg*
62 ο ιησους προς αυτον
10, 2 εκβαλη
6 *om* μεν
8 *om* δ
12 *om* δε
13 χοραζειν
βηθσαιδαν
20 *om* μαλλον
22 μοι παρεδοθη
επιγινωσκει
34 ελεον *pro* ελαιον
35 ο τι *add* δ
36 πλησιον δοκει σοι
41 ο ιησους ειπεν αυτη
11, 6 *om* μου
8 οσον
10 ανοιχθησεται
11 δε *add* εξ
η *pro* ει
13 δοματα αγαθα
15 βεελζεβουλ *add* τω
δαιμονια *add* και αποκριθεις
ειπε πως δυναται σατανας
σαταναν εκβαλλειν
28 *om* αυτον
32 νινειται (*in ras*) *pro* νινευι
33 κρυπτην
34 εσται *pro* εστιν [2]
σκοτεινον *add* εσται

11, 36 μερος τι σκοτεινον
51 και *pro* ναι
54 *om* και
12, 11 δε *a posteriori manu*
15 αυτω *pro* αυτου [1]
20 αφρον
35 αι οσφυες υμων
38 και [2] *add* εαν
και ελθων *pro* ελθη και
42 εσται *pro* εστιν
48 απαιτησουσιν
50 οτου *pro* ου
53 επι *pro* εφ
13, 6 ζητων καρπον
8 κοπρια
15 υποκριται
20 *om* και
34 τα εαυτης νοσσια
35 *om* ερημος
om αμην
λεγω δε
14, 2 υδροπικος
4 επιλαβομενος *add in marg*
αυτου
5 *om* αποκριθεις
10 αναπεσε
15 αριστον *pro* αρτον
26 αυτου *pro* εαυτου
ειναι μαθητης
27 ειναι μου
28 εις *pro* προς
32 πορρω αυτου
15, 13 και [1] *add* ου
ου *in ras*
19 *om* και
20 αυτου *pro* εαυτου
24 απολωλος
26 *om* αυτου
32 απολωλος
16, 2 *om* σου [2]
5 ειπεν *pro* ελεγε

16, 9 τους *pro* τας
15 *om* εστιν
19 *litt* δι *vocis* ενεδιδυσκετο *a posteriori manu*
22 *om* του
25 και *add* ο
26 τουτοις *corr ex* τοις
29 λεγει *add* δε
17, 4 *om* επι σε
7 ερει *add* αυτω
αναπεσε
9 *om* αυτω
10 *litt* τα *ultimae vocis* διαραχθεντα *supra script*
om οτι [1]
23 *om* η
24 *om* και
34 *om* ο [1]
35 αυτο *add* η
18, 4 ηθελεν
5 κοπους
9 *om* και [1]
25 διελθειν *pro* εισελθειν [1]
33 τη τριτη ημερα
34 αλλ *pro* και [2]
om τουτο
19, 2 *om* ην [2]
4 *om* δι
7 παντες
8 δε *add* ο
13 πραγματευεσθε
εν ω *pro* εως
15 δεδωκει
23 *om* την
48 *om* το
ποιησουσιν
20, 5 *om* ουν
9 *om* τις
14 διελογισαντο
20 λογον
28 μωυσης

20, 31 επτα *add* και
33 εσται *pro* γινεται
35 εκγαμιζονται
37 εμμημονευσεν (*litt* μημον *in ras*) *pro* εμηνυσεν
41 λεγουσι *add* τινες
21, 2 τινα και
4 περισσευματος αυτων *pro* περισσευοντος αυτοις
6 λιθον (*in ras*) *pro* λιθω
12 παντων
16 συγγενων και φιλων και αδελφων
23 γαρ *add* τοτε
34 βαρηθωσιν
αι καρδιαι υμων
αιφνιδιως
36 *om* ταυτα
22, 3 *om* ο
4 *om* τοις [2]
12 υποδειξει
αναγαιον
13 ειπεν *pro* ειρηκεν
18 γεννηματος *corr ex* γενηματος
20 μου *supra script*
23 μελλων τουτο
29 διατιθημι *pro* διατιθεμαι
30 *om* εν τη βασιλεια μου
καθησεσθε
32 εκλιπη
34 φωνηση
35 ουθενος
36 πωλησει
αγορασει
42 παρενεγκε
47 προηγεν αυτους *pro* προηρχετο αυτων
52 εξηλθατε
54 *om* αυτον [2]
55 περικαθισαντων
57 *om* αυτον [1]

22, 58 εφη *pro* ειπεν

    60 *om* ο [2]

    62 *om* ο πετρος

    66 αυτων *pro* εαυτων

    71 αυτον (*corr ex* αυτου) *pro*
       αυτου

23, 1 ηγαγον

    2 εθνος *add* ημων

    3 απεκριθη αυτω *pro* αποκριθεις
      αυτω εφη

    8 ικανου *add* του χρονου

    9 *om* αυτω

  14 διαστρεφοντα

  25 αυτοις *add* τον βαραββαν

  26 *om* του [1]

  34 εβαλλον κληρους

23, 35 δε *add* αυτον

  44 ενατης

  46 τουτο *pro* ταυτα

  50 ω ονομα *pro* ονοματι

  51 συνκατατιθεμενος
    om και [2]

  53 *om* αυτο [2] ·

  55 *om* και [1]

24, 4 ανδρες δυο

    7 ημεμερα (*sic*)

    9 παντα ταυτα

  10 μαρια [2] *add* η

  18 κλεωπας
    om εν [1]

  27 μωυσεως

  34 οντως ηγερθη ο κυριος

JOHN

1, 28 βηθανια *pro* βηθαβαρα

  29 *om* ο ιωαννης

  32 εκ του ουρανου (του *in ras*)

  40 *om* δε

  42 ερμηνευεται (*litt* εται *in ras*)
    pro εστι μεθερμηνευομενον
    om ο

  43 *om* δε

  44 *om* ο ιησους
    αυτω *add* ο ιησους

  46 μωσης *corr ex* μωυσης
    ναζαρεθ

  47 ναζαρεθ

  49 *om* ο

2, 12 εμεινεν

  17 καταφαγεται

  19 *om* ο

  22 *om* αυτοις

  23 εν [1] *add* τοις

3, 2 αυτον *pro* τον ιησουν

    5 *om* ο

  10 *om* ο [1]

  25 ιουδαιου

3, 27 η *in marg*

4, 1 ιησους (*corr ex* κυριος) *pro*
    κυριος

    3 παλιν *in marg*

  13 *om* ο [1]

  20 τω ορει τουτω

  25 μεσιας

  35 τετραμηνος

  44 *om* ο

  46 παλιν ο ιησους

  50 αυτω [2] *add* ο

  52 ειπον *add* ουν (*supra script*)

5, 4 εταρασσετο

    5 τριακοντα και οκτω

    7 βαλη

    8 εγειρε
      κραβαττον

    9 κραβαττον

  10 κραβαττον

  11 κραβαττον

  12 κραβαττον

6, 3 ουν *pro* δε

    6 ημελλεν

6, 9 *om* εν (*sed olim aderat*)
   10 *om* οι
   12 επλησθησαν
   24 *om* και [1]
      αυτον *pro* τον ιησουν
   28 ποιωμεν
   29 πιστευητε
   35 ουν *pro* δε
   39 *om* εν
   43 *om* ουν
   44 αυτον [2] *add* εν
   45 *om* του [1]
7, 16 απεκριθη *add* ουν
   20 απεκριθη *add* αυτω
   21 *om* ο
   26 αληθως [2] *eras*
   29 δε *in marg*
   31 *om* τουτων
   32 υπηρετας οι φαρισαιοι και οι
      αρχιερεις
   33 *om* αυτοις
   39 *om* ο
   40 των λογων τουτων
   41 *om* δε
7, 53–8, 11 *om hos versus*
8, 12 αυτοις ο ιησους
      περιπατηση
   14 *om* δε
   19 *om* ο [2]
   21 αποθανεισθε *add* και
   42 *om* ουν
   44 εκ[1] *add* του
   46 *om* δε
   48 *om* ουν
      λεγομεν *corr ex* λεγωμεν
   49 απεκριθη *add in marg* και
      ειπεν
   50 την εμην *pro* μου
   52 γευσηται
   53 ημων *in ras*
      om συ

8, 54 ημων *pro* υμων
   58 ειπεν *add* ουν
9, 1 παραγων *add* ο ιησους
      γεννητης (*litt* νητη *in ras*)
   3 *om* ο
      ιησους *add in marg* και ειπεν
      αυτοις
   9 αλλοι δε οτι ομοιος αυτω εστιν
      in marg
   15 πηλον *add in marg* εποιησε
      και
      μου επι τους οφθαλμους
   20 *om* αυτοις
   21 εαυτου *pro* αυτου [2]
   29 μωσει
   33 ουκ εδυνατο (*litt* κ *et* ε *in ras*)
   36 ειπε *add* και
10, 7 *om* οτι
   8 *om* προ εμου
   12 *om* τα προβατα [2]
   22 *om* τοις
   33 *om* λεγοντες
   39 των χειρων
11, 9 *om* ο
      ωραι εισι
   15 αλλα
   17 ιησους *add* εις βηθανιαν
   20 *om* ο
   25 ειπεν *add* δε
   32 αυτου εις τους ποδας
   37 εδυνατο
   44 τας χειρας και τους ποδας
   51 αλλ
      om ο
   54 αλλ
      om την
   57 *om* και [1]
12, 2 ανακειμενων συν *pro* συνανα-
      κειμενων
   3 *om* τους ποδας αυτου
   12 *om* ο [2]

12, 13 *om* o [2]
16 *om* o
18 ηκουσαν
33 εμελλεν
35 ως *pro* εως
μη *add* η
36 *om* ο ιησους
39 εδυναντο
49 απ *pro* εξ
13, 15 δεδωκα
18 εγω *add* γαρ
25 εκεινος *add* ουτως
37 *om* ο
38 φωνηση
14, 12 *om* μου
13 ο εαν *pro* ο τι αν
17 εστιν *pro* εσται
22 κυριε *add* και
23 *om* ο [1]
30 *om* τουτου
15, 6 αυτο *pro* αυτα
εις *add* το

16, 3 *om* υμιν
7 γαρ *add* εγω
16 *om* εγω
33 εχετε *pro* εξετε
17, 11 ω *pro* ους
καθως *add* και
20 πιστευοντων
18, 8 *om* ο
11 *om* σου
20 *om* τη
24 καιφαν
28 καιφα
πρωι
31 δε *pro* ουν [2]
32 εμελλεν
36 *om* ο
om ει εκ του κοσμου τουτου
37 *om* ο [2]
39 *om* υμιν [3]
40 *om* πάλιν
19, 3 *rasura post* ραπισματα
4 *om* ουν

III

THE BENTON MS. (Gregory 669)

Of our three manuscripts only the Benton has been known to scholars. Dr. J. Rendel Harris examined it a number of years ago and described it briefly in *The Sunday School Times* (Philadelphia), June 4, 1887, p. 355. Gregory, who apparently never saw it, bases his description of it on the article just mentioned and numbers it 669 in his list. Von Soden designates it ε 1025 and repeats the statements of Gregory. Nothing is known of its history before it came into the possession of the Rev. George Benton.

There are no quire marks; but, as is clear from the numbering of the pages, the codex originally consisted of 359 leaves. This number was afterwards increased to 382 by the addition of the synaxarion. At present there are only 272 in all. No pressmarks are legible. The text is written in single columns of 17 lines on pages measuring 13½ cm. × 17 cm. The letters are above the lines,[1] which are faintly drawn with a stylus. There are two pairs of lines on the outer edge of each page, a pair at the top and on the inner side, and five lines at the bottom. The ink is brown, and the parchment is moderately fine, but its quality varies. Old Testament quotations are indicated by arrow-heads in the margin. The sections and Eusebian canons are also noted on the margin of the pages, but there is no table of canons. A list of the usual 48 κεφάλαια precedes Mark, and 66 are prefixed to Luke, the rest having been torn out with the picture which originally faced the first page of the gospel. Similar violence has removed the entire list from before John. The τίτλοι are at the top of the pages in cinnabar, and the opening words of ecclesiastical lections, often so faded as to be illegible, are given in the margin. Occasionally ἀρχ and τέλ are written in the text. A small + marks the end of paragraphs. The original scribe wrote ν ἐφελκυστικόν in

---

[1] Before the 10th century the letters are written above the line, whereas after that date they are pendent. Cf. Wattenbach, *Anleitung zur griechischen Palaeographie*³ (1895), p. 57; and *Gregory, Textkritik des N. T.* (1909), p. 11.

λονοπαιcιττεριπαγ

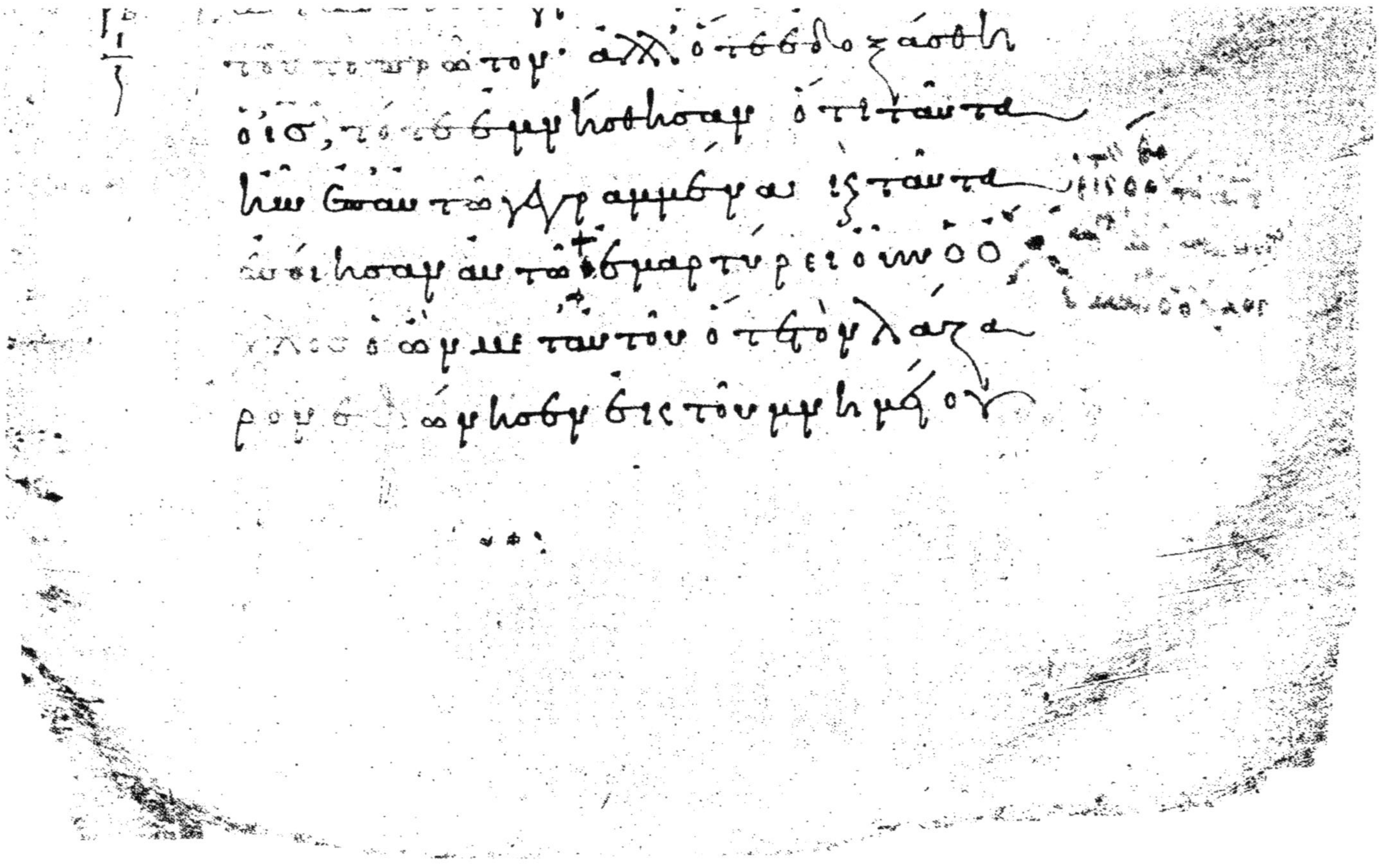

BENTON MS.

JOHN 12:12–17

every possible place, but a later hand has carefully erased it when-
ever a following vowel does not demand it. Indeed, the whole
manuscript has been corrected several times, and often words and
letters have been removed by one corrector and restored by another.
Iota subscript is never used; iota adscript is found only in Lk. 6:8.
The breathings are usually square, but round ones occur occa-
sionally, especially with ὁ Ἰησοῦς. The points are the high and the
low; we have not observed any in the middle position. In many
places commas have been inserted by a later hand. In the latter
part of Luke the negative adverb μή, when used in an interrogative
sentence, often has a double accent ('').

A number of leaves have been lost from the fore part of the codex,
and it now begins with Mt. 27: 59 (ἰωσήφ). The other *lacunae* are:
Lk. 1: 1–2: 16 (μαριάμ); Jn. 1: 1–14 ([ἐθεα]σάμεθα); 3: 4 (πρὸς
αὐτόν)–3: 15 (ἀπόληται); 12: 26 (ὅπου)–12: 28 (ἦλθεν); 12: 32
(ὑψω[θῶ])–12: 34 (υἱόν); 13: 18–29.

There is one picture at the beginning of Mark — a sort of balda-
chino in green, blue, purple, and gold, enclosing the title of the
gospel. The impress of a similar design is visible on the first leaf
now remaining of John, and the mutilation of Luke has no doubt
resulted from some vandal's tearing out the ornamentation at the
beginning of that gospel. We may therefore assume that the manu-
script originally had a picture before each gospel.

There are no striking peculiarities in connection with the shape
of the letters. Beta is of the *u* shape. Delta is sometimes uncial,
but more often minuscule. In the latter case the stroke on the right
is usually brought down by a second stroke nearly parallel to the
first. Epsilon is sometimes like *b*, and sometimes like a narrow 3
written backward. Eta is made like *h* or *H*. Theta is a small, nar-
row oval with a rather long crossbar. Mu is in rare instances uncial.
Rho in one or two cases is written entirely above the line. Sigma
lunatum is frequent. Phi is closed, with a sharp upturned hook on
the right. Psi is flattened, and the cross-stroke is frequently almost
upright. Omega resembles a figure 8 laid on its side.

Gregory assigns the codex to the tenth century.[1] We believe it
was written early in that century.

---

[1] Cf. Gregory, *Textkritik des N. T.* (1909), p. 211.

The synaxarion at the end of the codex is preceded by the following superscription: ἐκλογάδιον τῶν Δ εὐαγγελιστῶν· διά τε τῆς ἀρχῆς καὶ τοῦ τέλους. τὴν περικοπὴν ἑκάστου εὐαγγελιστοῦ ἅμα δὲ τὴν τῶν κεφαλαίων παρασημείωσιν, ἀκριβῶς διαγορεύων· περιέχων δὲ τὴν ἀρχήν· ἀπὸ τὸ ἅγιον πάσχα· καὶ τελειοῦται τὸ μηνολόγην .·.

The text of the manuscript is of the usual " Syrian " type, but it contains some significant readings. Its most striking characteristic is its general agreement with Γ. In the following places Γ alone, so far as we have been able to ascertain, supports the reading of the Benton MS.: Mk. 8 : 32 (προσκαλεσάμενος *a prima manu pro* προσλαβόμενος); 9 : 39 (οὐ *pro* οὐδείς); 10 : 19 (κλέψῃς *add* μὴ πορνεύσῃς); Lk. 3 : 23 (*om* ὡσεί); 6 : 37 (*om* μὴ καταδικάζετε καὶ οὐ μὴ καταδικασθῆτε); 6 : 48 (ὁ ποταμός *om a prima manu*); 11 : 36 (ἔχων *a prima manu*); 21 : 22 (*om* τοῦ πληρωθῆναι πάντα τὰ γεγραμμένα); 24 : 42 (αὐτόν *a prima manu*). Δέ *post* προάγοντες (Mk. 11 : 9) is attested by Γ, 954, and sah only; ἑαυτοῦ μαθηταῖς (Lk. 20 : 45) by Γ and 235 only; ᾧ *a prima manu pro* ὅ (Jn. 4 : 5) by Γ and 69 only. In Lk. 20 : 28 (μωυσῆς *a prima manu*) and Jn. 1 : 46 the scribe changes from his usual spelling μωσῆς to μωυσῆς, thus agreeing with Γ. In the following verses the Benton MS. has readings that are not recorded by Scholz, Tischendorf, or von Soden: Mk. 10 : 29 (*om* ἀμὴν λέγω ὑμῖν); 10 : 41 (*om* περὶ ἰακώβου καὶ ἰωάννου); Lk. 9 : 38 (κύριε *olim aderat*); 12 : 24 (οὐ *pro* οὐδέ[1]); 17 : 24 (ὡς *pro* ὥσπερ); 19 : 43 (*om* καὶ περικυκλώσουσί σε); 22 : 55 (καθισάντων);[1] 24 : 18 (ἐν ταύταις ταῖς ἡμέραις); Jn. 3 : 36 (αὐτῷ *a prima manu pro* τῷ υἱῷ); 4 : 53 (ὁ κύριος ὅτι *in marg a posteriori manu*); 7 : 22 (ἡμῖν *pro* ὑμῖν); 13 : 15 (*om* ὑμῖν[2]); 15 : 20 (διώξωσιν *pro* διώξουσιν); 20 : 2 (αὐτοῖς *add* ὅτι). Other readings of special interest occur in Mk. 12 : 19 (ἀναστήσῃ with 999 only); Lk. 24 : 46 (*om* ὅτι with 579 only); Jn. 4 : 47 (τὸν υἱὸν αὐτοῦ with 482 and Latin authorities); 15 : 16 (ὃ ἐάν *fortasse a prima manu pro* ὅ τι ἄν with 235 only). Lk. 22 : 43 and 44 are obelized and Jn. 5 : 4 is marked with asterisks. The Benton MS. contains the *pericope adulterae*, which is not found in the Hoffman MS. or in Codex 2346.

---

[1] Scholz erroneously gives καθισάντων as the reading of B. The original scribe wrote συνκαθισάντων, which has been corrected to συγκαθισάντων.

MATTHEW

27, 64 κλεψωσιν αυτον νυκτος   28, 9 *om* ο
    65 *om* δε   19 *om* ουν

MARK

1, 2 σου ^{2} *supra script*
    εμπροσθεν σου (*in ras*) *in
    marg*
   6 δε *add* ο
   7 *om* κυψας
   8 υμας εβαπτισα
  10 ειδες *litt* s *in ras a posteriori
    manu*
  11 σοι (*in ras*) *pro* ω
  14 *om* ο
  16 αυτου *add* του σιμωνος
    αμφιβαλλοντας (*litt* αμφι *in
    ras restitut*)
  27 εαυτους *pro* αυτους
  37 σε ζητουσι
  38 και εκει
  44 *om* μηδεν
  45 εν *add* τοις
2, 1 εισηλθε παλιν
   4 εγγισαι
    κραβαττον
   8 ουτως *add* αυτοι
   9 εγειρε (*litt* αι *supra script a
    posteriori manu*)
    κραβαττον
  10 επι της γης αφιεναι
  11 εγειρε (*litt* αι *supra script a
    posteriori manu*)
    κραβαττον
  12 κραβαττον
  14 λευην (*corr ex* λευιν)
  21 *om* και ^{1}
    επιρραπτει *litt* ρ *prima supra
    script*
  23 *om* εν

2, 24 εν *supra script a posteriori
    manu*
  26 *om* του ^{2}
3, 1 εξηραμενην (*corr ex* εξηραμ-
    μενην)
   3 εξηραμενην (*corr ex* εξηραμ-
    μενην)
    εγερθητι
   4 αυτοις *add* τι (*corr ex* οτι, *ut
    videtur*)
    αποκτειναι *litt* κτει *in ras*
   5 σου *in marg*
   7 εις *pro* προς
   8 *om* απο ^{1}
  10 αψονται (*corr ex* αψωνται)
  11 εκραζον (*litt* ον *in ras*)
  12 φανερον αυτον
  21 οι *in ras*
    περι αυτον (*fortasse corr ex
    προς αυτον*) *pro* παρ αυτου
  27 ουδεις δυναται *pro* ου δυναται
    ουδεις
    διαρπαση *pro* διαρπασει
  32 σου ^{2} *add* και αι αδελφαι σου
  33 και (*in ras*) *pro* η
  35 *om* μου ^{2}
4, 3 ακουετε *corr ex* ακουσατε
   4 *om* του ουρανου
   8 επι (*litt* πι *in ras*) *pro* εις
   9 *om* αυτοις
  11 τα μυστηρια (*corr ex* το
    μυστηριον)
  15 οι (*in ras*) *pro* και ^{1}
  16 *om* ευθεως
  17 ευθεως *corr ex* ευθυς

4, 18 *om* ουτοι εισιν [2]
   litt ο *vocis* ακουοντες *in ras*
 21 τεθη *pro* επιτεθη (*rasura post vocem*)
 22 *om* τι
 30 ομοιωσωμεν *corr ex* ομοιωσομεν
   litt ω *vocis* παραβαλωμεν *in ras*
 31 κοκκον (*litt* ον *in ras*)
 32 *litt* ειν *vocis* πετεινα *in ras*
 33 εδυναντο
 37 επεβαλλεν *litt* λ *prima supra script*
5, 2 υπηντησεν
 3 μνημασι
   εδυνατο
 11 τω ορει
 16 διηγησαντο δε *pro* και διηγησαντο
 18 *litt* ισθεις *vocis* δαιμονισθεις *in ras*
 19 πεποιηκε
 21 *litt* ος *vocis* διαπερασαντος *in ras*
 23 επιθης *corr ex* επιθη
 26 αυτη (*corr ex* αυτης) *pro* εαυτης
 40 παντας
 41 ταληθα κουμ
   litt αι *vocis* εγειραι *in ras*
 43 *rasura post litt* γν *vocis* γνω
6, 2 *om* οτι
 3 επ (*litt* π *in ras*) *pro* εν
 7 δωδεκα *add* μαθητας αυτου
 8 παρηγγελλεν (*litt* ε *prima supra script et litt* λ *prima in ras*)
   ει μη ραβδον μονον (*in ras*) *in marg*
 11 αν *corr ex* εαν

6, 11 τον [2] *a posteriori manu*
   και (*corr ex* η) *pro* η [1]
 15 αλλοι [1] *add* δε (*in ras*)
   om η
 17 *om* τη
 20 *litt* αγι *vocis* αγιον *in ras*
   ακουων (*litt* ων *in ras*) *pro* ακουσας
 23 *om* και ωμοσεν αυτη οτι ο εαν με αιτησης δωσω σοι
 24 *litt* ο *vocis* αιτησομαι *in ras*
 29 *om* τω
 30 και [3] *in ras*
 31 *rasura post litt* ι *primam vocis* ιδιαν
   οι [2] *in ras*
   ευκαιρουν
 32 απηλθεν
 33 *om* οι οχλοι
   αυτους (*corr ex* αυτον) *pro* αυτον [1]
   προηλθον *corr ex* προσηλθον
 34 ο ιησους ειδε *in ras a posteriori manu*
 35 *om* αυτω
 37 αγορασομεν (*litt* ο *in ras*)
 38 *om* και [1] (*rasura ante* ιδετε)
 44 *om* ωσει
 45 βηθσαιδα (*rasura post vocem*)
 52 αυτων η καρδια
 53 γενησαρετ (*corr ex* γεννησαρετ)
 55 *litt* βατ *vocis* κραββατοις *in ras*
 56 οπου *add* δ
   αψονται (*litt* ο *in ras*)
   οσοι *in ras*
   om αν [2]
7, 2 αρτον (*litt* ον *in ras*)
   εμεμψαντο *in marg a posteriori manu*

7,4 βαπτισωνται *corr ex* ραντι-
σωνται

11 οφεληθης (*corr ex* ωφεληθης)

12 αυτου¹ *in ras*
αυτου² *in ras*

14 *litt* αν *vocis* παντα *in ras et*
litt τα *supra script*

16 *om* ει τις . . . ακουετω (*sed*
olim in marg)

17 επηρωτησαν (*litt* ησαν *in ras*)

23 ταυτα παντα

24 *om* την

26 συραφοινικισσα
εκβαλη

31 εξελθων *add* ο ιησους (*in ras*)

33 *litt* α *prima vocis* απολαβο-
μενος *supra script et litt*
το *in ras*
αυτου (*corr ex* αυτον) *pro*
αυτον
εκ (*in ras*) *pro* απο

35 γλωττης (*litt* ττ *in ras*)

8,2 ημεραι

3 νηστις (*litt* ι *in ras*)
ηκουσι

12 στεναξας (*rasura ante vocem*)

13 το¹ *eras*

22 βηθσαιδα (*corr ex* βηθσαιδαν)

23 ηγαγεν (*litt* εξ *olim supra*
script)

25 ανεβλεψε (*litt* αν *et litt* ψε *in*
ras) *pro* ενεβλεψε

26 τον *supra script*

31 και⁴ *add* των

32 προσλαβομενος *corr ex* προσ-
καλεσαμενος

35 εαυτου ψυχην

9,1 *litt* ι *vocis* γευσωνται *eras*

2 *om* τον²
om τον³

4 μωση

9,5 μωση

6 λαλησει

7 *om* λεγουσα

9 και *ante* καταβαινοντων
litt αν *vocis* οταν *in ras*

13 *om* και¹

16 *litt* συ *vocis* συζητειτε *supra*
script
εαυτους *pro* αυτους

20 *litt* εγκα *vocis* ηνεγκαν *in ras*
τον ιησουν (ιησουν *in ras*) *pro*
αυτον²
ιδον (*corr ex* ιδων)

22 το *post* εις¹ *a posteriori manu,*
sed postea eras

23 το *eras*

28 διαρι (*litt* δια *in ras*) *pro* οτι

30 επορευοντο (*litt* ε *prima in*
ras)

35 εστω
litt ιακον *vocis* διακονος *in*
ras

38 *om* ο

39 ου *pro* ουδεις

41 *om* τω

42 εαν *pro* αν
μικρων *add* τουτων (*a poste-*
riori manu)

45 εις την ζωην εισελθειν

10,1 *om* δια του

2 οι *eras*

7 *litt* ει *primae vocis* κατα-
λειψει *in ras*

8 σαρξ μια

10 τουτου *pro* του αυτου

11 αυτη (*corr ex* αυτην) *pro*
αυτην

14 *om* και²

16 ευλογει

17 πορευομενου (*litt* εκ *olim*
supra script)

10, 19 *om* μη φονευσης
κλεψης *add* μη πορνευσης (μη
in ras)

21 ιησους *supra script a poste-*
riori manu
αυτω [1] *litt* ω *a posteriori*
manu
αυτω [2] *litt* ω *a posteriori*
manu
om τοις

24 *om* τοις [2]
litt θειν *vocis* εισελθειν *in ras*

25 *om* της[1] (*sed olim supra*
script)
διελθειν (*litt* δι *in ras*) *pro*
εισελθειν

27 *om* τω [1]
om εστι (*sed olim supra*
script a posteriori manu)

28 ηρξατο δε (δε *supra script a*
posteriori manu) *pro* και
ηρξατο

29 *om* ο ιησους
om αμην λεγω υμιν
και *add* ενεκεν

31 *om* οι

32 παλιν *add* ο ιησους (*in ras*)

33 *om* τοις [2]

35 *om* οι

39 ιησους *eras*

40 *om* μου [2]

41 *om* περι ιακωβου και ιωαννου

43 υμων διακονος

44 εαν *pro* αν

47 *litt* ω *vocis* ναζωραιος *in ras*

48 πολλα (*corr ex* πολλοι) *pro*
πολλοι

49 εγειραι *corr ex* εγειρε

51 ραββουνι

52 *litt* ε *prima vocis* ανεβλεψε
in ras a posteriori manu

10, 52 *litt* ει *vocis* ηκολουθει *in ras*

11, 1 βηθφαγι (*corr ex* βηθφαγη)

3 αποστελλει

4 τον *in ras*

5 εστωτων (*litt* ω *prima in ras*)

9 προαγοντες *add* δε

18 ηκουσαν *corr ex* ηκουον
litt αρ *vocis* αρχιερεις *in ras*

20 εξηραμενην (*corr ex* εξηραμ-
μενην)

21 εξηραται

22 αποκριθεις *add* ο

24 αιτησθε (*litt* η *in ras*)

25 στηκετε (*litt* ετ *in ras*)

32 *om* εαν

33 *om* αποκριθεις

12, 3 *litt* ει *vocis* εδειραν *in ras*

5 *litt* ε *prima et litt* ες *vocis*
δεροντες *in ras*
αποκταινοντες *litt* ο *prima et*
litt ταινοντες *in ras*

19 αναστηση

23 *om* ουν

26 του *pro* της

27 θεος [1] *add* θεος
θεος [2] *eras*

29 πασων *corr ex* παντων
εντολη *corr ex* των εντολων
σου (*in ras*) *pro* ημων

31 δευτερα *add* δε (*in ras*)
εαυτον *pro* σεαυτον

32 ειπες (*litt* ε *ultima in ras*)
pro ειπας
θεος *in ras*

33 *om* των [2]

35 εστι *add* του (*a posteriori*
manu)

36 *om* τω [1]
om τω [2]
λεγει *pro* ειπεν [2]

38 ασπασμοις (*litt* ι *in ras*)

12, 39 πρωτοκαθεδριαις (*litt ι ultima a posteriori manu*)
πρωτοκλισιαις (*litt ι ultima a posteriori manu*)
41 *litt ι vocis* γαζοφυλακιου *in ras*
litt ι vocis γαζοφυλακιον *in ras*
43 *litt ι vocis* γαζοφυλακιον *in ras*
44 *litt* β *vocis* βιον *in ras et rasura post vocem*
13, 2 ο δε (*in ras*) *pro* και ο
4 ταυτα παντα (*in ras*)
11 μεριμνατε
λαλησετε (*corr ex* λαλησητε) *pro* λαλησητε
14 εστως
15 *om* δε
21 *om* η
πιστευετε
28 *litt* ετ *vocis* μαθετε *in ras et litt* ε *ultima supra script*
32 η *pro* και της
14, 1 *litt* τουν *vocis* εζητουν *in ras*
om εν
τον *pro* το
8 εν εμοι *pro* εις εμε
8 εσχεν
μου *in ras*
9 αμην *add* δε
εαν *pro* αν
10 *om* ο[1]
11 αργυρια
12 ετοιμασομεν (*corr ex* ετοιμα-σωμεν)
15 ανωγεων
25 γενηματος
27 εν εμοι εν τη νυκτι ταυτη *in marg a posteriori manu*

14, 30 οτι *add* συ
31 απαρνησωμαι
32 γεθσημανι
33 *om* τον[2]
35 προελθων *corr ex* προσελθων
40 οι οφθαλμοι *in marg*
41 *om* το[2]
45 λεγει *add* αυτω
47 *om* τις
51 ηκολουθησεν
58 ημεις *in ras*
60 *om* το
62 εκ δεξιων καθημενον
65 εβαλλον *corr ex* ελαβον
68 εξω *in ras*
71 *litt* ειν *vocis* ομνυειν *in ras*
72 το ρημα ο
15, 11 ανεπεισαν (*litt* επ *in ras*) *pro* ανεσεισαν
18 ο βασιλευς
20 αυτου (*corr ex* αυτον) *pro* αυτον[1]
litt εξ *vocis* εξαγουσιν *in ras*
22 γολγοθα *corr ex* γολγοθαν
24 διαμεριζονται
30 *litt* βα *vocis* καταβα *in ras*
31 *om* δε
32 πιστευσωμεν *add* αυτω (*in ras*)
33 ενατης
34 ενατη
λιμα (*rasura post litt* ι)
40 *om* και[2]
43 ελθων *pro* ηλθεν
47 μαρια[2] *add* η
16, 1 *om* του[2]
τον ιησουν
8 *om* ταχυ
18 βλαψη

LUKE

2, 20 υπεστρεψαν

21 το παιδιον *in ras*

24 *om* εν νομω κυριου

νοσσους

25 ην αγιον

28 αυτον (*corr ex* αυτο) *pro* αυτο

litt ευ *vocis* ευλογησε *in ras*

34 *litt* ευ *vocis* ευλογησεν *in ras*

39 *litt* r *vocis* ναζαρετ *in ras*

44 εξητουν

51 *litt* r *vocis* ναζαρετ *in ras*

3, 1 ηγεμονιας *corr ex* ηγεμονειας

2 επι αρχιερεως

om του

10 ποιησομεν *corr ex* ποιησωμεν

12 ποιησομεν *corr ex* ποιησωμεν

14 ποιησομεν *corr ex* ποιησωμεν

16 *om* απασι

18 τω λαω (*corr ex* τον λαον)

19 *om* φιλιππου

22 *rasura post* σωματικω

ευδοκησα

23 *om* ωσει

υιος *add* του

ηλει

24 ματθα (*in ras*)

ιαννα *corr ex* ιωαννα

25 ματθιου

26 νααθ

litt r *secunda vocis* ματταθιου

supra script

ιωδα

27 ιωανναν

νηρει

28 μελχει

αδδι *corr ex* αδδει

29 ιωση *corr ex* ιησω

litt ρειμ *vocis* ιωρειμ *in ras*

ματθαν

3, 29 λευι *corr ex* λευει

30 ιωναν *corr ex* ιωναμ

32 ωβηδ *corr ex* ιωβηδ

33 αμιναδαμ

litt ρα *vocis* αραμ *in ras*

αραμ *add* ιωαραμ

35 σερουχ

litt κ *vocis* φαλεκ *in ras*

4, 2 τεσσαρακοντα *add* και νυκτας

τεσσαρακοντα

4 *om* ο

7 εμου

πασα

8 *om* γαρ

9 *om* ο

11 *om* οτι

12 *om* αποκριθεις

16 *litt* r *vocis* ναζαρετ *in ras*

18 ευαγγελισασθαι

23 τη[1] *in ras*

26 σαραφθα (*litt* αφθα *in ras*)

27 *rasura post litt* εκα *vocis*

εκαθαρισθη

29 *om* της[2]

rasura post litt ι *vocis*

κατακρημνισαι

31 κατηλθεν *add* ο ιησους

33 *litt* κραξε *vocis* ανεκραξε *in*

ras

om φωνη μεγαλη

35 *om* το[2]

38 *om* η

5, 1 γενησαρετ (*corr ex* γεννησα-

ρετ)

2 ειδε δε (δε *in ras*) *pro* και ειδε

6 πληθος ιχθυων

8 του *in ras*

19 *om* δια[1]

23 σου *supra script*

5, 23 εγειρε
24 ιδητε
    om της
    εγειρε (*litt* αι *supra script*)
25 ο *pro* ω
28 παντα (*corr ex* απαντα)
29 om ο
30 μετα *add* των
36 ιματιον παλαιον *corr ex* ιμα-
    τιω παλαιω
    om επιβλημα[2]
6, 4 προθεσεως *in marg*
5 *litt* τι *vocis* οτι *in ras*
    κυριος *in ras*
7 om αυτον
    κατηγοριαν κατ (*corr ex* κατη-
    γορειν, *ut videtur*)
8 εγειραι *corr ex* εγειρε
9 ουν *in ras*
    om ο
    αποκτειναι *pro* απολεσαι
10 αυτω *pro* τω ανθρωπω
    om ουτω
19 παντας *add in marg* και προσ-
    καλεσαμενος ο ιησους τους
    δωδεκα μαθητας αυτου εδω-
    κεν αυτοις δυναμιν και εξου-
    σιαν επι παντα τα δαιμονια
    και νοσους θεραπευειν και
    απεστειλεν αυτους κηρυσσειν
    την βασιλειαν του θεου και
    ιασθαι τους ασθενουντας και
    ελεγεν αυτοις ο ακουων υμας
    (*a posteriori manu*)
23 χαρητε
26 om υμιν
    om παντες
27 αλλα (*corr ex* αλλ)
28 om και
33 *litt* η *vocis* αγαθοποιητε *in*
    ras

6, 35 om του
37 om μη καταδικαζετε και ου μη
    καταδικασθητε
40 κατηρτισμενος δε πας εσται
    ως ο διδασκαλος αυτου *in*
    marg
45 αυτου[3] *eras*
48 ο ποταμος *in marg a poste-*
    riori manu
7, 6 μου υπο την στεγην
8 εμαυτον *corr ex* εμαυτου
9 ουτε *pro* ουδε
11 τω *pro* τη
    ναιν *corr ex* ναειν
    om αυτω
12 *litt* εως *vocis* πολεως[2] *in ras*
    ικανος *in ras*
13 · αυτη[1] *corr ex* αυτην
16 παντας
21 εθεραπευσε *add* ο ιησους
28 προφητης *in ras*
31 om ειπε δε ο κυριος
33 μη (*corr ex* μητε[1])
34 φιλος τελωνων
35 om παντων
46 μου *a posteriori manu*
8, 3 αυτοις *pro* αυτω
8 εις *pro* επι
15 υπομονη *add* ταυτα λεγων
    εφωνει ο εχων ωτα ακουειν
    ακουετω
16 om δε
18 εαν *pro* αν
    εαν *pro* αν
21 αυτον *in ras*
22 *litt* ε *prima vocis* ενεβη *in ras*
29 παρηγγειλε
32 *litt* ουν *vocis* παρεκαλουν *in*
    ras
33 εισηλθον
34 om απελθοντες

8, 42 *litt* ηρ *vocis* θυγατηρ *in ras*
    litt ης *vocis* μονογενης *in ras*
    ως *in ras*
43 ιατροις *pro* εις ιατρους
48 δε *add* ιησους
51 ελθων
    ιωαννην και ιακωβον
9, 1 *om* μαθητας αυτου
3 μηδε (*litt* δ *in ras*) *pro* μητε [5]
4 αν *corr ex* εαν
5 εαν *pro* αν
7 *om* παντα
9 *om* ο
10 βηθσαιδαν
12 τους οχλους (*corr ex* τον οχλον)
13 ιχθυες δυο
    αγορασομεν (*corr ex* αγορασωμεν)
15 και εποιησαν ουτω *in ras*
16 μαθηταις *add* αυτου
20 *om* ο
23 *om* καθ ημεραν
24 εαν *pro* αν [1]
    αυτου ψυχην
25 ωφελειται *corr ex* οφελειται
27 *litt* ηκο *vocis* εστηκοτων *in ras*
    γευσωνται
28 ως (*corr ex* ωσει)
    om τον
33 *om* ο [1]
    μιαν μωση
36 ο *a posteriori manu*
38 διδασκαλε *a posteriori manu* (κυριε *olim aderat*)
    επιβλεψαι
40 εκβαλωσιν
41 τον υιον σου ωδε
49 *om* τα
52 αυτου *corr ex* εαυτου
55 *om* υμεις

9, 56 *om* ο γαρ υιος . . . αλλα σωσαι
58 *litt* ειν *vocis* πετεινα *in ras*
62 *om* ο ιησους
10, 1 ιησους (*corr ex* κυριος) *pro* κυριος
    litt ε *prima vocis* εμελλεν *in ras*
2 εκβαλη
6 *om* μεν
8 *om* δ
9 *om* εφ υμας
12 *om* δε
13 χωραζιν (*corr ex* χωραζειν)
15 *om* του
    litt η *prima vocis* καταβιβασθηση *in ras*
17 δε *in ras*
20 *om* μαλλον
22 μοι παρεδοθη
32 ιδων *add* αυτον
35 και [2] *in ras*
    ειπεν *corr ex* ειπων
36 πλησιον δοκει σοι
39 των λογων
11, 2 προσευχησθε *corr ex* προσευχεσθε
    παντι *olim add* τω
4 *om* μου
8 αυτω [1] *in ras*
    οσον
9 ανοιχθησεται
10 ανοιχθησεται
11 η *pro* ει
13 δοματα αγαθα
18 *om* και
25 ευρισκει *add* σχολαζοντα
26 ελθοντα
27 μασθοι (*corr ex* μαστοι)
31 σολομωνος (*corr ex* σολομωντος)

11, 31 σολομωνος (corr ex σολομων-
      τος)
   32 νινευι corr ex νινευηται
   33 om δε
      κρυπτην
      om ουδε υπο τον μοδιον
   36 εχον τι corr ex εχων
   38 προτερον (litt οτερον in ras)
      pro πρωτον
   40 το εσωθεν και το εξωθεν
   41 εσται
   44 om οι²
   54 om και
12, 4 αποκτεννοντων
    7 φοβηθητε (litt ηθητ in ras)
      πολλω (corr ex πολλων)
    8 litt ει vocis ομολογησει in ras
    9 εμπροσθεν (corr ex ενωπιον)
      pro ενωπιον¹
   11 litt ε ultima vocis μεριμνατε
      in ras
   15 αυτω pro αυτου¹
   16 litt ευ vocis ευφορησεν in ras
   20 αφρον
   21 πλουτων add ταυτα λεγων
      εφωνει ο εχων ωτα ακουειν
      ακουετω (in ras restitut)
   22 ενδυσεσθε (corr ex ενδυσησθε)
   24 ου pro ουδε¹
      litt ει vocis πετεινων in ras
   28 χορτον add τον (a posteriori
      manu)
   31 παντα in marg a posteriori
      manu
   32 ηυδοκησεν
   36 litt ω vocis αυτω in ras
   46 υποκριτων (fortasse corr ex
      απιστων) pro απιστων
   49 επι pro εις
   53 επι pro εφ
   58 βαλη

12, 59 τον pro το
13, 2 ταυτα (litt αυ in ras) pro
      τοιαυτα
    3 μετανοησητε (litt ση in ras)
    5 ωσαυτως (corr ex ομοιως) pro
      ομοιως
    6 ζητων καρπον
    8 κοπρια
    9 αυτην add ταυτα λεγων εφω-
      νει ο εχων ωτα ακουειν
      ακουετω
   15 ιησους pro κυριος (in ras)
      υποκριται
   19 litt ει vocis πετεινα in ras
   20 om και
   21 εκρυψεν
   26 αρξεσθε corr ex αρξησθε
   27 οι supra script
   28 οψεσθε (corr ex οψησθε)
   29 om απο²
   34 αποκτεννουσα (corr ex απο-
      κτεινουσα)
   35 om ερημος
      om αμην
      λεγω δε
14, 2 υδροπικος
    5 υιος pro ονος
    8 litt η secunda vocis κληθης in
      ras
   10 αναπεσε
   15 αριστον pro αρτον
   16 μεγαν
   19 πεντε in ras
   24 δειπνου add πολλοι γαρ εισι
      κλητοι ολιγοι δε εκλεκτοι
   27 ειναι μου
   28 litt προ vocis προς in ras
   32 πορρω αυτου
15, 5 αυτου pro εαυτου
    8 λυχνον corr ex λυχνιαν
      litt η vocis ευρη in ras

15, 17 αρτων *corr ex* αρτον
20 αυτου *pro* εαυτου
26 *om* αυτου
ειη *corr ex* ει
16, 1 *om* και [1]
5 χρεωφειλετων *corr ex* χρεο-
φειλετων
6 βαδους (*litt* δ *in* ras)
15 *om* εστιν
22 *om* του
25 ωδε *pro* οδε
17, 4 *om* επι σε
7 ος *in* ras
ελθοντι (*litt* ε *in* ras) *pro*
εισελθοντι
αναπεσε
16 *om* επι προσωπον
21 η [1] *in* ras
24 ως *pro* ωσπερ
om η [2]
26 *om* του [1]
om και [2]
27 εγαμιζοντο
34 *om* ο [1]
18, 1 προσευχεσθαι *add* αυτους (*in*
ras)
5 *litt* η *vocis* υπωπιαζη *in* ras
6 ηκουσατε (*litt* η *in* ras)
7 ποιηση
8 την [2] *in* ras
9 *om* και [1]
14 η *add* γαρ
22 *litt* ε *vocis* ετι *in* ras
25 διελθειν (*corr ex* εισελθειν)
pro εισελθειν [1]
28 *om* ο
33 τη τριτη ημερα
34 κεκαλυμμενον (*litt* αλυ *in* ras)
pro κεκρυμμενον
36 ειη *corr ex* ει
43 *litt* θ *vocis* θεω *in* ras

19, 4 οτι δι *in* ras
ημελλε *corr ex* εμελλε
7 παντες
8 ιησουν (*corr ex* κυριον) *pro*
κυριον
12 *om* ειπεν ουν
15 και [2] *in* ras
16 μνας (*corr ex* μνα) *pro* μνα
18 μνας (*corr ex* μνα) *pro* μνα
23 *om* την
29 βηθσφαγι (*corr ex* βηθφαγη)
30 ον *corr ex* ω
37 ηρξατο
40 οτι eras
41 αυτην *pro* αυτη
43 *om* και περικυκλωσουσι σε
47 *om* το
48 ποιησουσιν (*corr ex* ποιησω-
σιν)
20, 5 *om* ουν
8 και ο *in* ras
9 *om* τις
19 ras *in* ras
om τον λαον
24 *litt* επι *vocis* επιδειξατε *in* ras
25 ουν *pro* τοινυν
28 μωσης *corr ex* μωυσης
litt νος *vocis* τινος *in* ras
32 *om* δε
35 εκγαμιζονται (*litt* εκ *et* ζο *in*
ras)
40 επερωτησαι
45 εαυτου (*litt* ε *in* ras) μαθηταις
21, 1 *litt* ι *vocis* γαζοφυλακιον *in*
ras
2 τινα και
4 εβαλε *add* ταυτα λεγων εφω-
νει ο εχων ωτα ακουειν
ακουετω
12 παντων
14 *om* εις

21,16 και συγγενων και φιλων και
αδελφων
17 δια το ονομα μου υπο παντων
20 δε *supra script a posteriori*
manu
22 *om* του πληρωθηναι παντα
τα γεγραμμενα
24 πεσουνται *add* εν (*in ras*)
25 ηχουσης *corr ex* ηχους
32 *om* οτι
33 παρελευσεται
34 βαρηθωσιν
αιφνιδιως (*litt* ω *in ras*)
36 *om* ταυτα
37 εν τω ιερω *in marg*
των ελαιων *pro* το καλου-
μενον ελαιων
22,3 ο *a posteriori manu*
επιλεγομενον (*litt* λεγο *in*
ras) *pro* επικαλουμενον
4 *om* τοις[2]
9 ετοιμασομεν (*corr ex* ετοιμα-
σωμεν)
12 ανωγεων (*corr ex* αναγαιον)
13 *litt* ρηκε *vocis* ειρηκεν *in ras*
16 *om* ουκετι
18 γενηματος
23 *om* αρα
30 *om* εν τη βασιλεια μου
καθισεσθε
32 εκλιπη
34 φωνηση
35 *om* και υποδηματων
ουθενος
36 πωλησει
αγορασει
41 προσηυχετο *corr ex* προσηυ-
ξατο
43 *hic versus obelis notatus est*
44 *hic versus obelis notatus est*
47 αυτους (*corr ex* αυτοις) *pro*
αυτων

22,49 αυτω *in ras*
παταξωμεν
rasura post εν
50 *om* τις
52 εξηλθατε *aut* εξηλθετε (*corr*
ex εξεληλυθατε)
54 *om* και εισηγαγον αυτον
55 καθισαντων
56 *litt* ατενισ *vocis* ατενισασα
in ras
litt τω *vocis* αυτω *in ras*
60 ο[3] *eras*
66 *om* τε
ηγαγον
αυτων *pro* εαυτων
23,1 ηγαγον
2 και *in ras*
11 ο *in ras*
litt ον *vocis* αυτον[2] *in ras*
12 *om* μετ αλληλων
14 *om* εγω
15 πεπραγμενον *add* εν (*in ras*)
18 *om* τον
25 αυτοις (*add* τον βαραβαν) *in*
marg a posteriori manu
litt το *primae vocis* ητουντο
in ras
26 *om* του[1]
28 *om* ο ιησους
29 μασθοι
33 τον[1] *in ras*
λεγομενον (*corr ex* καλουμε-
νον) *pro* καλουμενον
48 θεωρουντες τα γενομενα *in*
marg a posteriori manu
εαυτων *corr ex* αυτων
51 *om* και αυτος
53 μνημειω (*corr ex* μνηματι)
55 *om* και[1]
24,1 *litt* ο *vocis* βαθεος *in ras*
4 ανδρες δυο
9 παντα ταυτα

24, 10 *om* ησαν δε
   18 *om* εν [1]
      εν ταυταις ταις ημεραις
   36 λαλουντων *add* και (*a poste-*
      riori manu)
      των μαθητων αυτου *pro* αυτων[2]

24, 40 *litt* ε *prima vocis* επεδειξεν *in*
      ras
   42 αυτω *corr ex* αυτον
      μελισσιου *corr ex* μελισσεου
   46 *om* οτι
   50 δε *in ras*

JOHN

1, 28 βηθανια (*corr ex* βηθαβαρα)
      pro βηθαβαρα
   32 ως *pro* ωσει
   35 *om* παλιν
   38 δε *in marg*
   40 *om* δε
   42 μεσιαν
      om ο [2]
   43 *om* δε
   44 επαριον
      αυτω *add* ο ιησους
   46 μωυσης
      του *in ras*
      litt τ *vocis* ναζαρετ *in ras*
   47 *litt* τ *vocis* ναζαρετ *in ras*
   48 *om* ο
   49 *om* ο
2, 10 *litt* σ *secunda vocis* ελασσω
      supra script
   17 καταφαγεται
   19 *om* ο
   22 *om* αυτοις
      τη γραφη και *in ras*
      ω ειπεν ο ιησους *in ras*
   23 εν [1] *add* τοις
      om αυτου [2]
   24 παντα (*corr ex* παντας)
3, 2 αυτον (*in ras*) *pro* τον ιησουν
   3 *om* ο
   15 *litt* η *vocis* εχη *in ras*
   16 *litt* ο *vocis* αποληται *corr ex* ω
      litt η *vocis* εχη *in ras*
   22 εβαπτιζον (*litt* ο *in ras*)

3, 25 ιουδαιου (*corr ex* ιουδαιων)
   28 *om* μοι
   29 φωνην του *in ras*
   36 τω υιω *corr ex* αυτω
      οψεται *add* την
4, 5 λεγομενης (*corr ex* λεγομενην)
      ο *corr ex* ω
      ιακωβ *in marg*
   13 *om* ο [1]
   20 τω ορει τουτω
   25 μεσιας (*restitut*)
   30 εξηλθον *corr ex* εξηλθεν
      om ουν
   31 μαθηται *add* αυτου (*a poste-*
      riori manu)
   35 *om* ετι
      τετραμηνος
   36 χαιρη *corr ex* χαιρει
   37 ο [2] *eras*
   44 *om* ο
   46 παλιν ο ιησους
   47 τον υιον αυτου
   49 μου *a posteriori manu*
   50 αυτω [2] *add* ο
   51 υιος (*corr ex* παις) *pro* παις
   53 *om* ο ιησους οτι (ο κυριος οτι *in*
      marg a posteriori manu)
5, 1 ην *add* η (*a posteriori manu*)
   2 τοις *in ras*
      litt επι *vocis* επιλεγομενη *in*
      ras
   4 *hic versus asteriscis notatus*
      est

5, 4 εταρασσε *corr ex* εταρασσετο
  7 βαλη
  8 εγειραι *corr ex* εγειρε
    κραββατον *corr ex* κραβαττον
  9 κραβαττον
  10 κραβαττον
  11 κραβαττον
  12 *hic versus in marg a poste-*
    riori manu
  14 τι σοι *in ras*
  19 *litt* η *vocis* βλεπη *in ras*
  24 οτι *in ras*
    των λογων (*corr ex* τον λογον)
  26 εχει *in marg*
  32 μαρτυρια *add* αυτου (*in ras*)
  44 παρα[1] *corr ex* παρ
6, 1 *om* της γαλιλαιας
  5 αγορασομεν *corr ex* αγορα-
    σωμεν
  6 ημελλε
  10 *om* ουν
    οι *eras*
  11 εδωκεν
  12 απολυται *corr ex* απωληται
  13 κοφινους *corr ex* κωφινους
  19 γινομενον *corr ex* γενομενον
  22 *litt* εισ *vocis* συνεισηλθε *supra*
    script a posteriori manu
  24 και[1] *in ras*
  28 ποιουμεν *corr ex* ποιωμεν
  29 *om* ο
    πιστευσητε *litt* σ *prima in*
    ras (*restitut*)
    απεσταλκεν (*litt* αλκ *in ras*
    restitut)
  35 ουν (*in ras*) *pro* δε
  36 *litt* ει *vocis* ειπον *in ras*
  40 γαρ (*in ras*) *pro* δε
  41 εκ του ουρανου καταβας
  44 αυτον[2] *add* εν
  45 *om* του[1]

6, 45 ακουων
  55 αληθης (*corr ex* αληθως) *pro*
    αληθως[1]
    αληθης (*corr ex* αληθως) *pro*
    αληθως[2]
  58 ζησεται *corr ex* ζησει
  62 θεωρειτε
  64 μη *in ras*
    εστιν *in ras*
  69 *om* και εγνωκαμεν
  70 *om* ο ιησους
    εις εξ υμων
7, 1 ηθελεν *corr ex* ηθελον (*corr*
    ex ειχεν εξουσιαν)
  12 *om* δε
    οχλον *in ras*
  16 απεκριθη *add* ουν (*in ras*)
  21 *om* ο
  22 ημιν *pro* υμιν
  29 *om* δε
  32 υπηρετας οι φαρισαιοι και οι
    αρχιερεις
  33 *om* αυτοις
  39 *om* ο
  40 τον λογον *corr ex* των λογων
  41 *litt* αλλ *vocis* αλλοι[2] *in ras*
    et litt οι *supra script*
    om δε
  42 *litt* τι *vocis* οτι *in ras*
    ην *supra script*
  52 *litt* ηγερτ *vocis* εγηγερται *in*
    ras
  53 επορευθησαν (*in ras restitut*)
8, 1 και ο ιησους *pro* ιησους δε
    ελαιων *add* μονος (*in ras*)
  2 ορθρου δε *in ras*
    παλιν *add* βαθεος (*in ras*)
    ηλθεν ο ιησους (*in ras*) *pro*
    παρεγενετο
    om ο λαος
  3 ουν *pro* δε

8, 3 *om* προς αυτον
     επι *pro* εν[1]
4 ταυτην ευρομεν *pro* αυτη η
     γυνη κατεληφθη
     επ αυτω φορω (*corr ex* φωρω)
     pro επαυτοφωρω
     μοιχευομενην
5 *om* εν δε τω νομω
     ο δε *ante* μωσης
     om ημιν
     λιθαζειν *pro* λιθοβολεισθαι
6 ελεγον *corr ex* ειπον
     κατηγορησαι (*litt* ησαι *in ras restitut*)
7 *litt* κυ *vocis* ανακυψας *in ras* (*fortasse corr ex* αναβλε-ψας)
     αυτοις *pro* προς αυτους
     om τον
     επ αυτην λιθον
8 *om* κατω
9 *om* και υπο της συνειδησεως ελεγχομενοι
     om εως των εσχατων
     ιησους μονος (*corr ex* ο ιησους μονος)
     ουσα *pro* εστωσα
10 *om* και μηδενα θεασαμενος πλην της γυναικος
     ειπεν αυτη *corr ex* ειδεν·αυτην
     γυναι *pro* η γυνη
     om εκεινοι
     οι κατηγοροι σου *in marg a posteriori manu*
11 αυτη *in ras*
     και *add* απο του νυν
12 αυτοις ο ιησους
     περιπατηση
14 *om* υμεις δε ουκ οιδατε ποθεν ερχομαι και που υπαγω (*sed olim in marg*)

8, 18 μαρτυρει περι εμου *in marg a posteriori manu*
19 *om* ο[2]
20 γαζοφυλακιω *corr ex* γαζοφυλακειω
24 ουν *in ras*
     om γαρ
27 εγνωσαν *olim add* δε
33 και *olim ante* απεκριθησαν
39 *om* αν
40 πατρος μου (*corr ex* θεου) *pro* θεου
42 ουν *in ras restitut*
44 εκ[1] *add* του
48 *om* ουν
52 γευσηται
53 *om* συ[2]
54 ημων *pro* υμων
57 ουν *in ras*
9, 3 *om* ο
9 *om* οτι[1]
     εκεινος *add* δε
10 ηνεωχθησαν (*corr ex* ανεωχθησαν)
11 εμοι (*in ras*)
15 ηρωτησε (*corr ex* ηρωτων) μου επι τους οφθαλμους
16 του *in ras*
20 *om* αυτοις
21 εαυτου *pro* αυτου[2]
27 ηκουσατε *corr ex* επιστευσατε
28 *om* ουν
33 μη *eras*
40 υμεις *pro* ημεις
10, 6 *litt* να *vocis* τινα *supra script a posteriori manu*
7 *om* οτι
8 *om* προ εμου
16 εισιν (*litt* εις *in ras*) *pro* εστιν
22 *om* τοις

10, 23 *om* του
σολομωνος
26 οτι ουκ (*vox* οτι *et litt* κ *in*
ras) *pro* ου γαρ
om καθως ειπον υμιν (*sed*
fortasse olim in marg)
28 *litt* ει *vocis* αρπασει *in ras*
39 ουν *supra script a posteriori*
manu
42 εις αυτον εκει (εκει *in ras*
restitut)
11, 8 οι ιουδαιοι λιθασαι
9 *om* ο
ωραι εισιν
11 ταυτα *pro* τουτο
litt λα *vocis* λαζαρος *supra*
script
20 *om* ο
21 *om* η
24 αυτω *add* η
32 *om* αυτου
41 ου ην ο τεθνηκως κειμενος *in*
marg a posteriori manu
48 *litt* ευ *vocis* πιστευσουσιν *in*
ras restitut
litt ν *vocis* εθνος *supra script*
51 ο *eras*
54 την *eras*
57 *om* και [1]
12, 1 μερων *pro* ημερων
2 ανακειμενων συν *pro* συνανα-
κειμενων
6 εμελεν *corr ex* εμελλεν
12 *om* ο [2]
13 ελεγον *pro* εκραζον
om ο [2]
18 ηκουσαν (*corr ex* ηκουσεν)
30 *om* ο
34 τις εστιν ουτος ο υιος του
ανθρωπου *in marg*
35 εως *corr ex* ως

12, 35 μη *add* η (*in ras*)
36 εως *corr ex* ως
37 επιστευον *corr ex* επιστευσαν
43 *litt* περ *vocis* ηπερ *in ras*
44 ουν (*in ras*) *pro* δε
49 δεδωκε (*litt* δ *prima in ras*
restitut)
13, 3 δεδωκεν *corr ex* εδωκεν
4 *litt* ου *vocis* του *supra script*
10 η *eras*
15 *om* υμιν [2]
ποιητε *corr ex* ποιειτε
16 ουδε *in ras*
17 ποιητε *corr ex* ποιειτε
32 και (*a posteriori manu*) *ante*
ει
37 *om* ο
38 φωνηση
14, 3 *litt* θω *vocis* πορευθω *in ras*
a posteriori manu
ετοιμασαι *pro* και ετοιμασω
14 *om hunc versum*
15 μου (*in ras restitut*) *pro* τας
εμας
17 δε *a posteriori manu*
22 κυριε *add* και
23 *om* ο [1]
30 *om* γαρ (*sed olim supra*
script)
om τουτου
15, 1 και [1] *in ras restitut*
6 αυτο (*corr ex* αυτα) *pro* αυτα
εις *add* το
16 ο τι αν (*litt* τι *in ras*) *fortasse*
corr ex ο εαν
20 διωξωσιν *pro* διωξουσιν
16, 3 *om* υμιν
4 μνημονευητε *corr ex* μνημονευ-
ετε, *ut videtur*
7 γαρ *add* εγω
15 λαμβανει

16, 27 θεου *in ras*
   33 εχετε (*corr ex* εξετε) *pro*
      εξετε
17, 1 αυτου *in ras*
    2 ο *in ras*
      δεδωκας *corr ex* εδωκας
      δωσει (*litt* ει *in ras restitut*)
      pro δωση
    7 εγνωσαν (*corr ex* εγνωκαν)
   11 ω *pro* ους
      rasura post καθως
   14 μισει (*litt* ει *in ras restitut*)
   20 πιστευοντων
   22 εν ωσι
   24 δεδωκας *pro* εδωκας
18, 2 *rasura post* αυτον
      rasura post συνηχθη
    4 ο *olim ante* ιησους
    8 *om* ο
   11 *om* σου
      εδωκε
   18 *om* ο
   20 *om* τη
      παντες *pro* παντοτε[2]
   25 ηρνησατο *add* ουν
   27 *om* ο
   28 πρωι (*rasura post vocem*)
   32 εμελλεν (*corr ex* ημελλεν)
   36 *om* ο
   37 *om* ο[2]
   40 *om* παντες
19, 6 σταυρωσον[2] *add* αυτον
    7 θεου υιον
   11 *om* ο[1]
   12 εκραυγαζον *pro* εκραζον
      εαυτον *pro* αυτον[2]
   13 τουτον τον λογον *corr ex*
      τουτων των λογων
      γαβαθα
   14 ωσει *corr ex* ως

19, 16 ηγαγον
   17 τοπον *pro* τον[2]
   20 ο τοπος της πολεως
   23 *rasura post* εποιησαν (*corr*
      ex ποιησαντες, *ut videtur*)
      αρραφος *corr ex* αραφος
   25 κλοπα (*corr ex* κλωπα)
   26 ιδε *pro* ιδου
   27 ο μαθητης αυτην
   28 ιδων (*corr ex* ειδως) *pro* ειδως
   31 η *supra script a posteriori*
      manu
      litt υ *vocis* εκεινου *in ras*
   34 ευθεως
   35 εστιν αυτου
   38 *om* δε[1]
      om ο[1]
   39 δε *in ras*
      ωσει *corr ex* ως
   40 αυτο *add* εν
      μετα των *corr ex* μετ
20, 2 ηγαπα *pro* εφιλει
      αυτοις *add* οτι
    8 *om* ουν
    9 *litt* ει *vocis* ηδεισαν *in ras*
   11 τω μνημειω *pro* το μνημειον[1]
   14 *om* ο
   15 εθηκας αυτον
   19 συνηγμενοι *in marg*
   28 *om* ο[1]
   29 *om* θωμα
   31 *om* ο[1]
21, 3 ενεβησαν
   11 ανεβη *corr ex* ενεβη, *ut vide-*
      tur
   12 *rasura post* ετολμα
   14 *rasura post* τουτο
   25 οσα *corr ex* α
      litt αι *vocis* γραφηται *in ras*

Lightning Source UK Ltd.
Milton Keynes UK
UKHW010642170119
335572UK00014B/1773/P